La forme engagée

Arts 8

Collection dirigée par Jean-Paul Olive et Claude Amey

Consacrée à l'art du XXᵉ siècle et à la réflexion esthétique, la collection *Arts 8* a pour vocation de diffuser les travaux collectifs de groupes et équipes de recherche, de promouvoir un débat transversal entre les diverses disciplines artistiques, et d'encourager les recherches et échanges autour de thématiques contemporaines importantes.

Dernières parutions

Gianfranco Vinay et Antony Desvaux (dir.), *Giovanni Morelli, la musicologie hors d'elle*, 2015.
Robin Dereux et Serge Le Péron (dir.), *Alain Cavalier, cinéaste et filmeur*, 2014.
Jean-Paul Olive (dir.), *Réfléchir les formes : Autour d'une analyse dialectique de la musique*, 2013.
Susanne Kogler et Jean-Paul Olive (dir.), *Expression et geste musical*, 2013.
Joseph Delaplace, *Tours et détours*, 2011.
Isabelle Launay, *Mémoires et histoire en danse*, 2010.
Giordano Ferrari (dir.), *Pour une scène actuelle*, 2009.
Jean Paul Olive (dir.), *Présents musicaux*, 2009.
Georges Bloess (dir.), *Destruction création, rythme: l'expressionnisme, une esthétique du conflit*, 2009.
Márta Grabócz et Jean-Paul Olive (dir.), *Gestes, fragments, timbres : la musique de György Kurtág*, 2008.
Giordano Ferrari (dir.), *La parole sur scène*, 2008.
Ivan Toulouse et Daniel Danétis (dir.), *Euréka, le moment de l'invention. Un dialogue entre art et science*, 2008.
Collectif, *Edgard Varèse : Du son organisé aux arts audio*, 2007.
Collectif, *Pratiques artistiques, Pratiques de recherche*, 2007.
Collectif, *L'opéra éclaté, la dramaturgie musicale entre 1969 et 1984*, 2006.
Collectif, *Expérience et fragment dans l'esthétique musicale d'Adorno*, 2005.
Collectif, *Musique et mémoire*, 2003.

Sous la direction de
Álvaro Oviedo et Jean Paul Olive

La forme engagée

*Espaces et comportements
dans la composition musicale contemporaine*

Pablo Fessel, Álvaro Oviedo, Olga Moll, Léo Larbi,
Anis Fariji, Yann Boivin-Landry, Federico Monjeau,
Laura Novoa, Fabien San Martin, Jean Paul Olive

L'Harmattan

© L'Harmattan, 2016
5-7, rue de l'Ecole-Polytechnique, 75005 Paris

www.harmattan.com
diffusion.harmattan@wanadoo.fr

ISBN : 978-2-343-09765-7
EAN : 9782343097657

Sommaire

Introduction..9

Pablo Fessel
Texture et nominalisme dans la musique du XXe siècle..............17

Álvaro Oviedo
La vérité d'une variation. Pierre Boulez : du *Sacre du Printemps* à *Pli selon pli* 31

Olga Moll
Surface(s) et profondeur(s)...51

Léo Larbi
Le silence figural dans le *Second Quatuor à cordes* de Brian Ferneyhough..73

Anis Fariji
Esquisse d'une physionomie formelle de la période dite de « synthèse » chez Saed Haddad..99

Yann Boivin-Landry
De la liquidation et de quelques autres catégories analytiques et compositionnelles chez Arnold Schoenberg............................131

Federico Monjeau
La musique de Mariano Etkin. Une perspective critique..........151

Laura Novoa
Le corps de la voix : formalisation et geste de la parole dans Orillas de Francisco Kröpfl..163

Fabien San Martin
La question de la disparition et les différentes textures du silence dans deux œuvres de Luigi Nono : *Fragmente-Stille, an Diotima et ¿Dónde estás hermano?*..173

Jean Paul Olive
Dimensions de l'éthique et catégories compositionnelles : le cas de Klaus Huber..197

Fabien San Martin
...*sofferte onde serene*..., un cheminement phénoménologique..213

Introduction

En janvier 2012, grâce aux programmes de coopération franco-argentine des Ministères de la recherche de France et d'Argentine, a commencé un programme de réflexion sur la composition musicale contemporaine, en Europe et en Amérique latine, organisé conjointement par l'Université Paris 8 (le laboratoire « Esthétique, musicologie, danse et création musicale ») et l'Université de Buenos Aires (Facultad de Filosofía y Letras). Le programme comprenait un certain nombre d'échanges de chercheurs et de doctorants ainsi que la participation croisée de ceux-ci à des rencontres, colloques et séminaires. Le volume présent est l'un des résultats de ces échanges qui avaient pour thématique générale la constitution, l'emploi et l'expérimentation d'un certain nombre de catégories d'analyse pour appréhender les œuvres d'aujourd'hui.

En effet, il n'est plus guère possible pour penser les créations musicales contemporaines de se référer à une simple esthétique générale comme cela pouvait être le cas avant le XXe siècle. La diversité des options, des courants, des œuvres elles-mêmes conduit aujourd'hui le musicologue à forger des outils singuliers, spécifiques à chaque écriture, au point de multiplier les approches sans pouvoir réduire le champ de la composition à de quelconques universaux.

Au sein de la grande diversité d'approches que nous avons rencontrée durant ces trois années d'échange, nous avons retenu trois thématiques principales qui semblaient se dégager et pouvoir rassembler un certain nombre de situations de la création musicale :

- la première problématique concerne la composition en tant qu'acte grâce auquel de nouveaux espaces sonores sont amenés à se déployer (Pablo Fessel, Álvaro Oviedo, Olga Moll et Léo Larbi) ;
- la deuxième thématique peut être résumée par le fait que les compositeurs présentent un rapport critique avec une tradition dont ils ne sont pas séparés mais qu'ils participent activement à

transformer, à faire évoluer et souvent même à menacer ; cette posture compositionnelle est abordée dans les textes de Anis Fariji, Yan Boivin, Federico Monjeau et Laura Novoa ;

- enfin, la troisième problématique aborde un certain nombre de catégories et de nouveaux comportements compositionnels qui se trouvent plus ou moins mis en relation avec la question de l'engagement éthique, voire politique, des compositeurs.

Pablo Fessel interroge la catégorie de texture en tant que mode de disposition qui renouvelle l'espace musical au XXe siècle. La texture est considérée selon une double conception, formelle et matérielle. Du point de vue formel, en tant que *stratification*, elle apparaît comme une disposition de l'hétérogène dans la simultanéité et vient se substituer à des catégories comme celles de polyphonie, homophonie ou hétérophonie. Du point de vue matériel, en tant que *matière*, la texture est indissociable d'une concrétion sonore et remplace des catégories telles que motif, thème ou matériau. Ces deux approches correspondent aux musiques de deux compositeurs fondamentaux du XXe siècle, Charles Ives et György Ligeti. Tandis que chez Ives apparaît une forte individuation des éléments qui constituent la texture dans une « inorganicité », chez Ligeti on se trouve face à une matérialité qui résulte de l'intégration fusionnelle des éléments. Dans un cas comme dans l'autre, la catégorie de texture participe d'un processus nominaliste qui met à mal les catégories traditionnelles de l'écriture.

Álvaro Oviedo questionne les nouvelles manifestations de l'espace sonore dans l'œuvre de Pierre Boulez, indissociables d'une conception fertile de l'analyse musicale ainsi que d'une approche théorique qui cherche, dans l'abstraction de certains procédés, l'ouverture vers de nouvelles possibilités pour la composition. Dans *Structures*, Boulez dégage une nouvelle dimension de l'espace sonore, la diagonale. Dès les années soixante, c'est la conception même de l'espace sonore qui sera reconsidérée, devenant variable, mobile, évoluant à l'intérieur même d'une œuvre. Il s'agit désormais d'un espace continu, dont les articulations ne se font plus à partir d'une grille préalable et discrète, mais de pli en pli, dans une variation infinie.

Olga Moll propose une réflexion sur l'analyse musicale et la possibilité de faire appel à la topologie lacanienne pour rendre compte de l'espace particulier que certaines œuvres musicales déploient. Ce rapprochement avec la musique, art du temps, se justifie d'autant plus qu'en topologie le temps constitue une dimension indissociable de celle d'espace. De même que les objets de la topologie nous forcent à considérer d'un autre œil notre monde, ils pourraient aussi susciter un nouveau regard analytique sur la musique. Cette perspective permet de révéler un espace de type « moëbien » dans le prélude « Voiles » de Claude Debussy, un espace qui opère un brouillage des coordonnées spatiales, où surface et profondeur entrent dans des rapports paradoxaux.

Dans le deuxième quatuor à cordes du compositeur anglais Brian Ferneyhough, connu pour les difficultés techniques de ses œuvres, Léo Larbi s'intéresse à une certaine conception du silence, un silence non pas littéral mais pensé comme une absence. Une telle conception suppose la mise en jeu de deux mouvements – l'un opérant à la surface, l'autre étant moins apparent, comme en dessous – qu'il faut comprendre à l'aide de deux catégories : le geste et le figural. Pour Léo Larbi, le geste est à penser chez Ferneyhough comme pris dans une trame paramétrique dont il est lui-même l'agent principal ; le geste est comme une « force gelée » qui peut, à tout moment (c'est même son devenir spécifique), se décomposer dynamiquement en libérant ses composantes concrètes et énergétiques. C'est précisément ce caractère énergétique qui permet à Léo Larbi de se référer à la catégorie du figural en analysant ce qui est à la fois accumulation et libération d'énergie dans le déploiement multiple des lignes du *Quatuor n°2* de Ferneyhough, œuvre complexe prise ici comme modèle d'une écriture intensive qui en arrive à rendre l'absence audible.

Anis Fariji, dans son texte, analyse l'écriture du compositeur d'origine jordanienne Saed Haddad, qui vit et exerce actuellement en Allemagne. Grâce à sa double culture et à sa double formation, celui-ci entend réaliser une synthèse entre une modernité occidentale assumée et une sorte de quintessence de la musique arabe, tout en rejetant les poncifs et les matériaux conventionnels trop souvent présents dans certaines tentatives d'hybridation culturelle. Ici, chez Haddad, Anis Fariji — qui se réfère à une « théorie matérielle des formes » inspirée d'Adorno — cerne les aspects spécifiques de cette écriture au travers de trois catégories. Il y a tout d'abord ce qu'il appelle le chant solo, qui prend la forme mélodique d'une arche quasi symétrique mais qui subit la plupart du temps un certain nombre de torsions internes (désorientations ou dislocations par exemple). Vient ensuite la catégorie du « déchaînement », apte à défaire la catégorie précédente en libérant une énergie croissante, pas toujours directionnelle, d'ailleurs. Enfin, Anis Fariji évoque la suspension qui semble arrêter le temps devenu prisonnier de nappes statiques et graves. À partir de ces catégories concrètes, Anis Fariji tente de formuler une approche renouvelée de la forme dans des musiques qui visent clairement la modernité tout en réfléchissant leur tradition spécifique.

Certaines catégories de la composition musicale, sans être véritablement nouvelles, semblent trouver une seconde vie dans la modernité ; c'est le cas de la « liquidation », processus qu'étudie Yann Boivin à travers la manière dont Arnold Schoenberg la traite, à la fois théoriquement et dans son écriture. Schoenberg, on le sait, était un remarquable pédagogue qui avait pour habitude d'analyser les œuvres du style classique pour ses élèves : la liquidation y est un processus de dé-caractérisation qui permet, en finissant une section, d'en préparer une autre, éventuellement même en permettant l'intégration de nouveaux éléments. Il s'agit d'une catégorie qui, si elle semble au départ modeste, est plus importante qu'il n'y paraît, particulièrement chez Schoenberg pour qui la variation développante est un processus majeur. Yann Boivin retrace dans un premier temps les explications du compositeur viennois lui-même, qui prend pour exemple un quatuor de Mozart ; puis, passant de l'approche théorique à la pratique même de Schoenberg, il analyse « les moments cadentiels » de la Seconde Symphonie de chambre — œuvre particulière dans la production du compositeur — et la place qu'y occupe le processus de la liquidation. Yann Boivin montre ainsi comment une catégorie du passé peut émerger dans la modernité de manière dynamique pour peu que la tradition n'y soit pas subie mais repensée.

La musique électronique en Argentine a déjà une longue tradition dont l'un des pionniers est Francisco Kröpfl. Dans son article, Laura Novoa étudie le travail de Kröpfl à partir d'une question centrale de la musique électronique, l'utilisation de la voix humaine et d'un texte comme matériel sonore pour la composition. Deux idées sont à l'origine de Orillas, œuvre de Kröpfl composée à partir d'un poème de Rodolfo Alonso : la formalisation d'un texte vocal dans un milieu électroacoustique et la transformation du langage verbal en sons, supprimant la dimension sémantique des mots. Cette œuvre viendrait alors répondre à certaines craintes concernant la rigidité des sons électronique, la voix constituant le geste qui donne corps au matériau sonore.

Federico Monjeau suit la trajectoire de l'une des voix les plus originales de la musique latino-américaine, le compositeur argentin Mariano Etkin, à travers ses œuvres et ses écrits. Deux tendances semblent s'opposer en Argentine dans la deuxième moitié du XX siècle, les « compositeurs du langage » et les « compositeurs de la matière ». Etkin, peut-être l'un des représentants les plus éminents de la deuxième tendance, semble dans un premier temps se dégager de toute trace historique. Très marqué par l'œuvre Morton Feldman, Etkin semble cependant dans ses dernières œuvres introduire des références historiques, dans ce que Monjeau qualifie comme un « relâchement » vis-à-vis des instances de contrôle et de rationalité.

Forme d'engagement complexe et réflexive, l'utilisation du silence ou de ce qui n'apparaît pas, au sens strict, dans la musique tout en ayant une forte influence sur elle, est le sujet de la première étude de Fabien San Martin pour ce recueil. Le texte est consacré à deux œuvres du compositeur vénitien Luigi Nono, chez qui cette manière de procéder se situe dans un ensemble de processus destinés à la transformation de la perception tant il est vrai que, pour Nono, l'écoute était au centre de la préoccupation artistique et, on peut dire, de plus en plus intensément au fur et à mesure de l'avancée de sa carrière. C'est essentiellement dans *Dónde estás, hermano ?* – œuvre écrite en hommage aux disparus argentins sous la dictature que le silence est analysé comme une composante concrète, sensible et productive de la composition. Quant à l'autre type de fonctionnement, c'est ici l'utilisation d'un texte qui n'apparaît jamais qui est traitée par Fabien San Martin ; il s'agit des fragments de Hölderlin notés sur la partition du quatuor à cordes de Nono, *Fragmente Stille — a Diotima*, œuvre analysée ici sous cet aspect spécifique comme un dispositif singulier et énigmatique à forte teneur poétique.

S'il est souvent difficile de mesurer l'exacte portée de l'engagement politique d'un compositeur dans son écriture, et si l'on suit volontiers la pensée d'Adorno lorsqu'il défend que les œuvres les plus radicales sont celles qui proposent un comportement différent par leur propre forme, le cas du compositeur suisse Klaus Huber est tout à fait intéressant dans la mesure où les revendications éthiques et politiques de l'homme tendent à trouver des chemins, des ramifications dans sa pratique compositionnelle et cela à de multiples niveaux — textes, matériaux, dispositifs, processus, temporalité. Après avoir présenté certains éléments généraux et parfois polémiques de la pensée de Huber, Jean Paul Olive observe de plus près un modèle concret de composition à travers l'étude d'une œuvre importante et emblématique du compositeur suisse : *Miserere Hominibus*, en effet, se présente à tous les niveaux de la composition comme une passionnante tentative de pratique compositionnelle qui voudrait gommer, ou, du moins, transformer, les frontières entre éthique et création musicale.

Dans sa deuxième étude, Fabien San Martin s'intéresse, à travers une approche phénoménologique, à un autre œuvre de Luigi Nono qui interroge à nouveau la perception. Il s'agit de *… sofferte onde serene…*, une œuvre pour piano et bande magnétique composée en 1976 pour le pianiste Maurizio Pollini. C'est la relation même de Nono à Venise qui se voit ici interrogée à travers l'analyse de la pièce, la manière dont le compositeur transcrit grâce aux gestes pianistiques le monde mystérieux et aquatique de la lagune. Pour comprendre la démarche du compositeur vénitien, de nouvelles catégories doivent alors être évoquées, telles cette « écoute en temps réel » que la technique a peu à peu permise dans le travail de Nono qui avait progressivement intégré l'enregistrement, le traitement du son, la spatialisation comme autant de dimensions élargissant les limites de son écriture. Et, par conséquent, la conception même de l'approche analytique se voit modifiée pour s'adapter à ces nouvelles œuvres qui demande l'invention de nouvelles catégories pour penser le musical.

Texture et nominalisme dans la musique du XXe siècle

Pablo Fessel

1. *L'espace musical*

La musique déploie un temps et un espace immanents. Le premier, le temps musical, a une relation analogique avec le temps physique ; la musique le configure selon de multiples manières. Le deuxième, l'espace musical, entretient une relation métaphorique avec l'espace physique.

Pendant des siècles, l'espace de la musique fut représenté suivant une analogie avec le langage[1]. Sa composition se basait sur le principe de la succession. La musique disposait ses matériaux dans une succession, de la même façon que le discours le fait avec ses phrases. La linéarité était ainsi devenue l'organisation de base de cet espace musical. La polyphonie ne fit que rendre plus complexe cette représentation, sans altérer ses fondements. La musique polyphonique était conçue comme le résultat d'une « superposition » de lignes[2].

---

1   La première mention d'une analogie entre la musique et le langage dans la tradition occidentale semble remonter à un traité anonyme du IXe siècle intitulé *Musica Enchiriadis*. On y trouve deux parallèles importants. L'un entre les sons de la musique et les syllabes prononcées par la voix. L'autre entre la clausule musicale et la structure oratoire. Cf. Harold Powers, « Language Models and Musical Analysis », Ethnomusicology, janvier 1980, vol. 24, no 1, coll. « Society for Ethnomusicology », p. 49.

2   Voir la définition de la polyphonie comme pluralité de mélodies différentes dans le traité *Summa Musicae* (¿c1200?), de Johannes. Cf. Gerbert, *Scriptores ecclesiastici de musica sacra potissimum*, 1784, III, 239a; et Michel Huglo, "Organum décrit, organum prescrit, organum proscrit, organum écrit", dans Christian Meyer (dir.), Polyphonies de tradition orale: histoire et traditions vivantes actes du colloque de Royaumont, 1990, Paris, Éd. Créaphis, coll. « Rencontres à Royaumont », n° 6, 1994.

La rationalisation progressive des rapports de simultanéité résultant de ces superpositions mit en évidence l'insuffisance de cette représentation et dériva en une revalorisation de l'ancien paradigme pythagoricien[3]. Mais l'espace de la musique ne se laissa dominer par les principes mathématiques qu'au prix d'une réduction aux attributs abstraits de la hauteur musicale. Ainsi, pendant la période tonale, la rationalisation de l'espace musical reposa sur une régulation des relations entre les sons simultanés selon leurs relations de hauteur. Le concept d'accord résumait, dans son abstraction, la nécessaire rationalité de l'espace musical.

Tant que la tonalité gardait une apparence naturelle ou une actualité historique, l'espace de la musique conservait son organisation unitaire. La tonalité assurait non seulement un certain degré de cohésion des différents moments formels dans la temporalité de l'œuvre, mais rassemblait, intégrait les éléments dans la simultanéité. L'interprétation de la tonalité en tant que « seconde nature », c'est-à-dire la prise en compte de son caractère historique et conventionnel au début du XXe siècle, a rendu possible un décentrement de l'espace musical. Celui-ci perdit sa référence à un élément organisateur unitaire.

Parallèlement à ce décentrement, un processus contemporain allait modifier un aspect non moins important de l'espace musical. Tant que la musique s'est organisée sur la base d'une forme de travail thématique, l'espace musical est apparu comme une dimension secondaire de la structure musicale, dérivant d'une disposition de matériaux préexistants. Son élaboration fut considérée dans la théorie musicale occidentale comme un problème d'écriture jusqu'au XXe siècle et au-delà. L'abandon du travail thématique au XXe siècle allait permettre de considérer l'espace musical comme une dimension immédiate, comme l'un des attributs du matériau

---

3   Cf. un exposé résumé de la confrontation entre un paradigme linguistique et un paradigme mathématique dans l'histoire de la théorie de la musique chez John Neubauer, The Emancipation of music from language: departure from mimesis in eighteenth-century aesthetics, New Haven London, Yale University press, 1986.

lui-même. Le concept de texture s'est constitué dans la pensée du XXe siècle comme l'un des concepts centraux de cet espace décentré et concret.

2. La crise dans le système de catégories stylistiques

La formulation du concept de texture dans la théorie musicale correspond à un processus qui s'est manifesté autant sur le plan de la composition que sur celui de la réflexion musicale.

Jusqu'au XXe siècle, une orientation notamment typologique définissait la représentation de l'espace musical. Un ensemble assez réduit de *catégories stylistiques* –selon la dénomination établie par Guido Adler–[4], basé sur l'opposition entre polyphonie et homophonie, rendait compte des diverses catégories de la simultanéité[5]. Ces catégories désignaient différentes modalités d'*écriture* musicale, ce qui met en évidence la persistance de l'ancienne conception rhétorique de la composition, qui comprend la mise en place du matériau dans un premier moment comme *inventio*, et l'écriture dans un deuxième moment, comme faisant partie de la *dispositio*[6]. Dans cette pensée typologique, l'espace, conçu comme le résultat de la disposition particulière d'un matériau – même en ce qui concerne les décisions relatives aux déterminations du timbre, du registre, etc. –, se configurait dans un deuxième moment, celui de l'écriture.

Au début du XXe siècle, de nouvelles manières de composer la simultanéité musicale se sont développées ; celles-ci ne se laissaient pas réduire aux catégories stylistiques traditionnelles. Ce développement aura donc des conséquences sur la représentation théorique de l'espace musical, avec non seulement l'élargissement de

---

4 Cf. *Der Stil in der Musik*. [1911] Walluf, Sändig, 1973.
5 La définition de catégories comme la polyphonie, l'homophonie, l'hétérophonie ou le pointillisme, en termes de catégories d'écriture musicale, met en évidence le manque de concepts correspondants à la sphère même du phénomène. La description, pauvre en attributs, se centre sur le procédé, dont le résultat sonore devrait être un simple reflet.
6 Cf. Mark E. Bonds, *Wordless Rhetoric. Musical Form and the Metaphor of the Oration*. Cambridge, Harvard University Press, 1991.

l'ensemble de catégories stylistiques avec l'incorporation de nouvelles catégories, mais aussi avec la perte de la spécificité des catégories traditionnelles, devenues historiques et transitoires, étant donné les redéfinitions qui les atteignaient[7]. L'aspiration à représenter des dispositions de l'espace musical étrangères à la culture occidentale, introduites de façon simultanée à la conscience européenne, a eu un impact supplémentaire sur le système des catégories.[8] De cette manière, ce système qui avait donné ses fondements à une philosophie de l'histoire de la musique[9] s'est affaibli jusqu'à se désagréger. L'approche à partir de catégories a laissé place à une approche conceptuelle, fondée sur le concept de texture.

3. La texture

Le terme « texture » désigne une certaine forme de discontinuité dans la continuité. L'étymologie du mot mais aussi son sens courant offrent des paraphrases et des développements de ce concept. Étymologiquement, le terme dérive des notions de *tissu* et de *trame*[10]. Cette origine nous renseigne sur l'un des aspects importants du concept, relatif à la composition : la texture est le résultat d'une forme de multiplicité.

Le sens courant du terme lui attribue deux aspects fondamentaux. Le premier est de l'ordre visuel. La texture peut être com-

---

7   Il suffit de relire la méticuleuse reconstruction des conceptualisations de la polyphonie dans le *HMT* et le *New Grove* (de Wolf Frobenius) pour vérifier la portée de ces redéfinitions. Cf. "Polyphon, polyodisch", *Handwörterbuch der Musikalischen Terminologie* (A. Riethmüller ed., 9me. ed., Stuttgart, Steiner, 1980); et "Polyphony", *The New Grove Dictionary of Music and Musicians* (2me. ed. Stanley Sadie ed., London, Macmillan, 2001), Vol. 20, pp. 74-83.

8   Cf. Pablo FESSEL, "El unísono impreciso. Contribución a una historia de la heterofonía", *Acta musicologica* 82/1 (2010), pp. 149-71.

9   Selon laquelle la musique occidentale aurait évolué de la monodie à la polyphonie et à l'homophonie harmonique. Cf. une version de ce schéma chez Hermann von HELMHOLTZ, D*ie Lehre von den Tonempfindungen als physiologische Grundlage für die Theorie der Musik* ([1863] 7me. ed. Hildesheim, Georg Olms, 1968), p. 396.

10 Du latin *tĕxtum*, tissu et *texĕre*, tisser.

prise en tant que qualité liée à l'apparence *concrète* de la surface, indépendamment de ses attributs formels ou de couleur[11]. L'accent est donc mis sur la qualité *matérielle* de la surface. Un deuxième aspect du concept de texture en dérive : la texture peut être comprise comme une qualité des objets appréhensible à travers le sens du toucher[12].

Le terme « texture » s'est incorporé au vocabulaire technique de la musique selon deux sens en apparence différents, mais qui correspondent en réalité à une focalisation sur l'un ou l'autre des aspects qui définissent le concept, soit la discontinuité, soit la continuité.

Le premier sens est lié à la composition d'une simultanéité musicale, la représentation de son hétérogénéité constitutive. Le terme « texture » entre ainsi dans une série à côté de, ou plutôt en se substituant à des catégories comme celles de polyphonie, homophonie ou hétérophonie, entre autres.

Le deuxième sens renvoie à un type historiquement précis de matériau musical. Ce sens place la texture dans une série de concepts tels que celui de motif, thème, matériau. Les matériaux définis en tant que texture se caractérisent du fait qu'ils n'existent pas en dehors de l'espace dans lequel ils se trouvent. A la différence du motif ou du thème, qui sont susceptibles d'être disposés de différentes manières dans la simultanéité musicale (par exemple le travail d'imitation dans une fugue ou la fragmentation entre les différents instruments dans le style classique), l'espace que déploie

---

11   Cette qualité est mise en évidence dans les domaines de la perception visuelle ou de la photographie par exemple. Cette condition concrète de la texture est aussi constitutive de l'emploi du mot dans le domaine de la critique littéraire. La texture y désigne le matériau verbal même, antérieur à sa structuration narrative. Cf. Howard GARDNER, "On Figure and Texture in Aesthetic Perception", *British Journal of Aesthetics* 12 (1972), pp. 40-59; et Moritz BASSLER, *Die Entdeckung der Textur. Unverständlichkeit in der Kurzprosa der emphatischen Moderne 1910-1916*. Tübingen, Max Niemeyer, 1994.

12   Cf. une conception éminemment tactile de la texture musicale chez Thomas CLIFTON, *Music as Heard. A Study of Applied Phenomenology*. New Haven, Yale University Press, 1983.

la texture en tant que matériau lui est constitutif. Il est l'un de ses attributs les plus importants. Autrement dit, la texture suppose un moment historique dans le développement de la composition dans lequel l'espace devient l'un des attributs des matériaux musicaux.[13]

Le concept de texture apparaît alors comme un concept antinomique. Cette antinomie réside dans l'opposition entre ce qu'on pourrait considérer d'une part comme une conception formelle et d'autre part comme une conception matérielle de la texture. Selon la conception formelle, la texture correspond à une représentation de l'hétérogène dans la simultanéité, et peut être identifiée avec des concepts comme celui de *stratification*. La conception matérielle de la texture renvoie, elle, au contenu concret de la simultanéité, plus proche des concepts de *matière* ou de *sonorité*. La simultanéité apparaît dans ce sens comme une totalité complexe mais intégrée, qui fusionne ses divers éléments. La concrétion et le traitement matériel de la sonorité comme substance même de la simultanéité sont placés ici au premier plan.

4. Emancipation de la texture

La différenciation instaurée par le concept de texture entre un sens renvoyant à la composition d'une simultanéité d'éléments et un autre renvoyant au matériau musical, est indissociable des propres développements de la texture dans la musique du XXe siècle. Il s'agit d'une part d'un haut degré de dissociation dans la simultanéité et, d'autre part, de la réalisation d'une intégration fusionnelle et d'une matérialité significatives. Le premier processus trouve une manifestation radicale très tôt, dans la musique de Charles Ives. Des œuvres comme *The Unanswered Question, Cen-*

---

13 Soit une inversion dans la relation entre « thème » et espace, inversion que la texture, comprise comme la désignation d'un matériau musical donne pour entendue. Placer la texture dans une série incluant sujet, motif et thème, n'en fait pas un concept thématique, dans le sens où la texture, entendue comme matériau, n'est pas nécessairement liée à l'élaboration thématique. La série « sujet, thème, motif, texture » désigne des éléments liés à l'ordre du particulier dans l'œuvre musicale.

tral Park in the Dark, *Decoration Day*, *Over the Pavements*, composées dans les années 1910, développent une individuation accentuée dans la texture. Les éléments qui la composent se développent de manière si autonome qu'ils vont jusqu'à s'émanciper de la totalité à laquelle ils participent, sans pourtant en être régis complètement. Le résultat est une texture hétérogène, composée de différentes strates. La stratification se constitue comme un élément allégorique, comme une condition inorganique de la texture.

Si l'on peut parler, à propos de la musique d'Ives, d'une « inorganicité texturale », on pourrait mettre en évidence une possible analogie entre les concepts de texture et de forme musicale, analogie qui se révèle de manière indirecte dans la capacité d'intégration de la tonalité et du thématisme. Les configurations traditionnelles de la texture, que ce soit dans la polyphonie baroque, dans la monodie accompagnée du classicisme ou du romantisme, établissent une relation de complémentarité, d'intégration, harmonique et structurelle, entre les éléments qui la composent. Cette complémentarité est analogue, sur le plan de la simultanéité, aux relations que ces musiques établissent, sur le plan de la forme, selon des relations tonales ou thématiques, lorsque celles-ci opèrent comme principe de régulation formelle. La dialectique du concept de forme est liée à la distinction de moments musicaux dans le temps et l'identification de relations qui les articulent en une totalité. Cette dialectique est présente sur le plan de la texture entre la différenciation d'éléments qui intègrent la simultanéité avec leur identité propre et la détermination de ses relations dans la texture. D'après cette analogie, la texture est le résultat d'une projection du plan formel, basé sur le concept de succession, au plan de la simultanéité musicale. Une logique analogue à celle du rapport entre les moments de la forme musicale existe entre les strates ou les éléments qui composent la texture. La désintégration texturale correspond ainsi avec la forme inorganique, dans laquelle la signification des moments individuels excède celle de leur contribution à la totalité.

Le second processus de développement se manifeste sans doute dans la musique de György Ligeti, écrite après sa rencontre avec les compositeurs sériels liés au cercle de Darmstadt. La généralisation de la série dans la musique de ces compositeurs avait fini par produire une indifférenciation concernant les intervalles, indifférenciation qui entrait en contradiction avec le principe sériel (c'est-à-dire que l'indifférenciation neutralisait le caractère distinctif de la série dans cette musique). Ligeti signalait qu'il se trouvait dans un dilemme face à cette situation d'indifférenciation. Il s'agissait, écrit Ligeti, de :

> [soit] retourner à des méthodes de composition dans lesquelles la spécificité des intervalles gardait une validité, [soit] développer encore d'avantage l'état d'indifférenciation qui était déjà allé très loin et renoncer complètement au caractère de l'intervalle.[14]

À la dispersion de la texture caractéristique du sérialisme des années 50, Ligeti oppose une texture complexe mais intégrée, proche de l'idée de masse. Une individuation analogue à celle de la stratification (celle de Ives) découle dans ce cas de l'abandon des principes abstraits pour la composition de la simultanéité musicale. La texture comprise en tant que *sonorité* renvoie à une pensée concrète des matériaux. Le traitement concret, matériel de la sonorité comme substance même de la simultanéité se trouve ici au premier plan.

Les deux processus ont, enfin, une origine commune. Tous les deux découlent de la crise et de la dissolution de la tonalité. En effet, l'incorporation de niveaux de dissonances de plus en plus importants dans la structure des accords au XIXe siècle finira par brouiller les oppositions tonales. Cette indifférenciation touchant à la structure de l'accord fera que l'accord perdra de son importance en tant que régulateur d'une simultanéité intégrée, fusionnée. L'indifférenciation des accords détermine, indirectement, une

---

14 Programme du Festival de la Société Internationale de la Nouvelle musique (IGNM). Köln, 1960.

individuation des strates qui composent la texture. Cette individuation peut s'interpréter dans la musique de Charles Ives comme une critique immanente de la dimension organique et intégratrice de la simultanéité telle qu'elle est conçue dans la tonalité.

Une indifférenciation analogue opérée sur la catégorie d'intervalle finira par neutraliser le caractère distinctif de la série dans la musique européenne des années 1950. L'indifférenciation structurelle que Ligeti interprète comme une fatalité du sérialisme conduira aux textures intégrées, fusionnées, caractéristiques de sa musique à partir des années 1960.

Cette indifférenciation, qui aboutira à la même abstraction de la pensée musicale, est au centre de la critique de Ligeti vis-à-vis du développement du sérialisme dans les années 1950. Comme dans le cas de Charles Ives, l'indifférenciation se retourne, dialectiquement, en individuation. Dans le cas de Ligeti, l'individuation des sonorités est telle que leur caractère intervallique devient insignifiant. Il ne s'agit plus seulement de la neutralisation de la distinction entre consonance et dissonance. L'intervalle en tant que catégorie – sa nature abstraite – perd toute substance dans une musique qui met en avant le caractère concret de ses sonorités.

Il existe ainsi un parallélisme notoire entre les développements de la texture dans un cas comme dans l'autre. Ils représentent une expression, différente et historiquement distante, de processus similaires. Il s'agit de processus d'indifférenciation et d'individuation croissants.

L'introduction du terme « texture » dans la terminologie musicale suppose une articulation théorique significative. Et ce n'est pas un hasard si cette introduction correspond à la caractérisation de la musique contemporaine. Il s'agit d'une réconceptualisation, dans une perspective plus vaste, d'un problème théorique qui est devenu perceptible lorsque sa prémisse – la constitution de la simultanéité musicale – s'est diversifiée dans la composition musicale. C'est dans ce cadre, celui de la rénovation des matériaux musicaux et des manières de les ordonner formellement, que le concept de texture acquiert toute son importance.

5. *Texture et nominalisme*

Les formes diverses adoptées par le développement historique de la texture dans la musique du XXe siècle et sa conceptualisation, rendent compte d'une orientation de la modernité esthétique vers le particulier, ce que Theodor Adorno a caractérisé comme un processus historique de nominalisme croissant.

Dans l'interprétation d'Adorno, l'hypothèse nominaliste traditionnelle, selon laquelle les concepts sont logiquement postérieurs aux réalités qu'ils désignent, acquiert dans le développement historique de l'art de la modernité la forme suivante : les éléments liés au particulier entrent en contradiction avec les catégories générales, catégories héritées de la tradition. Une primauté du particulier sur le général est ainsi établie ce qui implique une critique immanente du général. L'esthétique d'Adorno, thématisant ce projet dans l'art de la modernité, devient, dialectiquement, une théorie générale du particulier.

Cette orientation nominaliste a été reconnue par Adorno lui-même comme l'un des éléments caractérisant l'esthétique de la Nouvelle musique. Rudolph Stephan définit le nouveau dans la Nouvelle musique non seulement comme la perte d'éléments normatifs d'un langage musical particulier et leur substitution par d'autres, mais, de manière idéale, comme la perte du pouvoir contraignant en soi de toute norme extérieure à l'œuvre même. Stephan signale que c'est la généralité même du langage musical qui se délite.

Le nominalisme se manifeste dans le développement historique de la texture selon deux modalités. D'une part, avec l'individuation croissante des éléments qui composent la texture stratifiée. La contradiction traditionnelle entre les strates constituant une texture et cette dernière considérée comme un tout, telle qu'elle apparaît par exemple dans la ligne et la verticalité des accords de la polyphonie baroque, est l'objet, dans certaines expressions de la musique de la modernité, d'un déséquilibre penchant pour les premiers, pour l'irréductibilité des strates. Les attributs qui accentuent l'individuation de ces strates, qui les distinguent et les caractérisent, acquièrent une dimension de plus en plus importante sur les attributs qui dépendent de la texture dans sa totalité. La musique de Ives, et en particulier son hétérogénéité texturale, constitue une preuve éloquente de ce processus.

Le nominalisme acquiert une forme différente dans le développement historique de la texture propre à la musique post-sérielle. Il s'agit ici de la matérialité des configurations de texture qui rend secondaires des attributs abstraits tels que la composition intervallique. L'homogénéité intervallique d'une œuvre comme *Apparitions* de Ligeti peut se comprendre comme une forme de neutralisation, visant à mettre en valeur des attributs traditionnellement secondaires du matériau musical, le timbre, la densité, le registre, entre autres. Ces configurations n'admettent pas une réduction à des catégories abstraites, au contraire elles exigent une caractérisation très précise, tenant compte de tous les attributs qui les constituent.

La critique de l'idée de totalité à travers l'individuation et la critique des principes abstraits à travers la matérialité texturale sont les expressions les plus claires du nominalisme dans le processus historique que Jonathan Dunsby avait défini de manière un peu emphatique comme l'« émancipation de la texture »[15]. L'importance que prend progressivement la texture dans la musique du XXe siècle, sa transformation en une dimension immédiate de la composition, est l'expression d'un processus nominaliste, dans le sens où elle suppose une perte du caractère contraignant des catégories générales qui régulaient la simultanéité dans la musique traditionnelle.

Sur le plan conceptuel de la texture, on observe aussi un processus nominaliste. Son développement dans la musique du XXe siècle peut se comprendre, au sens large, comme le résultat de différentes formes de diversification, au sens d'une différenciation et d'une complexité croissantes. La réflexion s'est alors orientée vers une représentation de cette diversification avec une attention plus

---

15   Cf. J. Dunsby, "Considerations of Texture", *Music & Letters* 70/1 (1989), pp. 46-57.

grande au particulier. La crise des catégories, responsable de la formulation du concept de texture, fut la conséquence précisément de l'inadéquation de catégories qui, à la lumière des nouvelles sonorités de la musique moderne, ont révélé leur condition abstraite ainsi que leur caractère général périmé.

6. Vers une esthétique de l'hétérogénéité et de la matérialité.

Les textures stratifiées de Ives introduisent l'hétérogénéité comme principe de l'organisation musicale, avec la désintégration de la simultanéité qui en découle. Les textures complexes et intégrées de Ligeti déterminent la forme à partir des attributs concrets des matériaux musicaux. Différentes possibilités de la texture semblent se rejoindre dans un point de fuite : la critique de notions affirmatives comme celles de détermination, unité et abstraction des constructions musicales. Ce point signale une possible direction pour une esthétique de la texture : il s'agirait d'élucider une théorie tant de la simultanéité désintégrée comme de la matérialité, au-delà de leur valeur négative comme critique de l'intégration arbitraire ou d'une abstraction unilatérale.

Une esthétique matérielle devrait remettre en question la primauté de la structure, c'est-à-dire la primauté de l'inclusion des éléments individuels en une trame fonctionnelle, la primauté donc sur les attributs concrets du matériau musical.[16] Il s'agirait, autrement dit, de bâtir la théorie d'une autosuffisance du matériau. Cette primauté des relations fonctionnelles sur le caractère matériel des sonorités représente une négation du moment d'authentique multiplicité contenu dans le concept de texture ; elle fait de cette multiplicité une forme médiate de l'unité. Une esthétique de l'hétérogénéité texturale devrait également s'appuyer sur une légiti-

---

16 Cf. cette discussion à propos de la musique informelle chez Gianmario Borio, "Überlegungen zu Struktur und Textur", en *Musikalische Avantgarde um 1960. Entwurf einer Theorie der informellen Musik* (Laaber, Laaber, 1993), pp. 92-101.

mation de l'autosuffisance des strates qui composent la texture désintégrée.[17]

Il ne s'agirait pas tant de nier la prétendue impossibilité d'une vraie relation entre des éléments de différente nature, que de déplacer l'attention vers une spéculation qui pourrait se soustraire du concept de relation en tant qu'axe de central, sans reléguer pour autant les éléments à leur condition d'objets inertes. La *disposition*, un attribut capital de la texture hétérogène, et la *matérialité* de la texture coïncident d'un point de vue esthétique. Les deux aspects supposent un déplacement par rapport au concept de relation, fondée sur des propriétés abstraites, pour aller vers une pensée *située* de la texture dans ce qu'elle a de particulier, son inscription dans un temps et dans un espace musical précis.

---

17 Une esthétique de l'inorganicité texturale pourrait aussi s'appliquer à certains styles de jazz, ceux qui exigent de l'esthétique quelque chose de plus que l'identification à un individualisme à outrance.

La vérité d'une variation. Pierre Boulez : du *Sacre du Printemps* à *Pli selon pli*

Álvaro Oviedo

L'analyse comme création

En 1951 Pierre Boulez achève la rédaction de son analyse du *Sacre du printemps*.[1] Son travail ne suit pas l'œuvre mesure après mesure, mais, partiel, s'arrête exclusivement sur les dimensions rythmiques de certains passages. Trop simples, les aspects mélodiques et harmoniques ne retiennent pas son attention. En fait, ce serait justement la simplification de ces dimensions qui aurait rendu possible la complexité des découvertes d'Igor Stravinsky dans le domaine du rythme. Voici quelques uns des procédés rythmiques analysés :

- L'inégalité, la variabilité et la diversité des cellules rythmiques, et les décalages qui résultent par rapport aux cellules mélodiques, au début de *Cercles mystérieux des adolescents* et de l'*Introduction* ;
- La constitution d'un thème exclusivement rythmique à partir d'accents dans les *Augures printaniers* ;
- Un travail de permutations, rétrogradations, développements et élisions de cellules rythmiques, indépendant de la structuration mélodique, dans le premier couplet de la *Danse sacrale* ;
- L'interaction entre deux forces rythmiques dans *Jeu du Rapt* (rythme simple et structure rythmique) et dans l'in-

---

[1] Pierre BOULEZ, « Stravinsky demeure », *in* Paule THÉVENIN (dir.), *Pierre Boulez. Relevés d'apprenti, textes réunis et présentés par Paule Thévenin*, Paris, Éditions du Seuil, 1966. Rédigé en 1951, la première publication de ce texte date de 1953.

troduction de la deuxième partie (chiffre 86) (structure rythmique fixe et rythme se développant) ;
- Des constructions formelles dépendant des données rythmiques, selon les procédés déjà cités et d'autres encore dans la *Glorification de l'Élue*, la *Danse de la terre*, la *Danse sacrale* et l'*Introduction*.

Ces observations vont dans le sens d'une inventivité rythmique qui se développe indépendamment des autres dimensions de l'écriture : le rythme semble s'émanciper et acquérir un statut qu'il n'avait pas eu dans le système tonal. Il faut remonter au XIVe siècle pour trouver une telle dissociation entre rythme et mélodie dans la musique occidentale ; c'est dans la tradition du motet isorythmique chez Guillaume de Machaut où *color* et *talea*, la structuration de la mélodie et du rythme, fonctionnent indépendamment l'une de l'autre, que Boulez décèle des virtualités que la musique de Stravinsky actualise.

La démarche de Stravinsky est à l'opposée de celle qui s'est développée depuis le XVIIe siècle avec l'établissement de la tonalité, à savoir celle d'un rythme attaché aux structures mélodiques et harmoniques, subordonné à ces dimensions. Même au seuil du XXe siècle, lorsque l'abandon de la tonalité se précise, cette question reste problématique. La critique bouléziennne du rythme chez Schoenberg doit être comprise sous cet angle : si Schoenberg désolidarise le rythme des notes, celles-ci dépendant désormais de la matrice sérielle et non plus des structures tonales, le rythme, lui, demeure redevable des catégories tonales. Pour Boulez, le rythme doit être conçu comme une donnée musicale en soi, dont la structuration se placerait au même niveau que celle des notes dans la construction de la polyphonie.

C'est Stravinsky qui donne au rythme ce statut et l'analyse de Boulez retrace cette percée d'une façon qui ne peut que rebuter celui qui envisagerait le rythme comme une donnée spontanée et intuitive : une telle position correspond en réalité, nous dit Boulez, à la simple reconduction des formules rythmiques de la tonalité.

Prévoyant certaines critiques, notamment en ce qui concerne les rapports arithmétiques qu'il décèle dans le travail des cellules rythmiques et les structurations qu'elles déterminent, Boulez répond : il ne s'agit nullement d'enquêter sur l'origine de ces rythmes, ou sur la conscience ou pas de ces procédés chez Stravinsky. Les structures sont sur la partition et elle constitue le seul élément tangible. Il ne s'agit pas de resituer Stravinsky dans son temps, à la place qui lui correspondrait dans l'histoire de la musique. Le titre de son texte est éloquent : *Stravinsky demeure*. La démarche de Boulez n'est pas rétroactive, mais prospective : la musique de Stravinsky entretient des liens avec les problématiques musicales du début des années cinquante et c'est cela qu'il s'agit de mettre en lumière.

Pourtant, il est difficile de signaler une quelconque *ressemblance* entre l'œuvre que Boulez est en train de concevoir à ce moment et celles du passé, car leurs liens, réels quoique non encore actualisés jusque-là, n'ont pas à voir avec la réutilisation des procédés d'écriture. Le problème compositionnel de Boulez à l'époque, comme il l'écrit dans son texte sur Stravinsky, est celui de l'élargissement de la série à tous les paramètres, ce qui, on peut s'en douter, ne correspond en rien à ceux de Stravinsky ou de Machaut. Or, ces œuvres contiennent cette problématique, mais sous la forme d'un virtuel que l'œuvre de Boulez vient actualiser. Mieux encore, c'est l'analyse que Boulez fait de Stravinsky qui actualise des rapports restés jusque-là inouïs, et non pour cela moins réels, entre l'œuvre de Stravinsky, de Machaut et du propre Boulez. Car tout objet, et l'œuvre musicale aussi, est double, l'une de ses parties est virtuelle, tandis que l'autre est déterminée par son actualisation. Boulez voit dans l'inventivité rythmique de Stravinsky une problématique – « délier le rythme du côté "spontané" qu'on lui a généreusement attribué pendant longtemps »[2] –, problématique que lui, Boulez, actualise à travers la sérialisation des durées.

Les idées, écrit Gilles Deleuze dans *Différence et répétition*, sont des multiplicités qui relèvent, à la fois, du virtuel et de l'actuel,

---

2 *Ibid.*, p. 145.

passant de l'indéterminé au déterminable, du déterminable au déterminé. En tant qu'indéterminé, les éléments de la multiplicité n'ont ni forme sensible ni signification conceptuelle et ils n'ont qu'une existence virtuelle. Leur indétermination, qui n'implique aucune identité préalable, rend possible la manifestation de la différence, en dehors de toute ressemblance ou représentation. Cette indétermination est déterminable dans les rapports réciproques qui s'établissent entre les éléments de cette multiplicité sous la forme de rapports différentiels, lesquels s'actualisent et s'incarnent dans des termes et formes variées[3]. Dans ce sens, l'Idée est « une multiplicité interne, c'est-à-dire un système de liaisons multiples non localisable entre éléments différentiels, qui s'incarne dans des relations réelles et des termes actuels »[4]. Dans cette *différentielle de la pensée* qu'est l'Idée, Deleuze nomme différen*t*iation la détermination du contenu virtuel de l'Idée comme problème et différen*c*iation l'actualisation de cette virtualité dans des solutions.

Selon une telle définition de l'Idée, « tout objet est double, sans que ses deux moitiés se ressemblent, l'une étant image virtuelle, l'autre image actuelle »[5]. Dès lors, le virtuel ne s'oppose plus au réel, mais uniquement à l'actuel. Il s'agit pour Deleuze d'affirmer la pleine réalité du virtuel, conçu « comme une stricte partie de l'objet réel – comme si l'objet avait une de ses parties dans le virtuel et y plongeait comme dans une dimension objective »[6].

Or, il ne faut pas confondre virtuel et possible, car le possible s'oppose au réel : le processus du possible est la *réalisation*, tandis que celui du virtuel est son actualisation. Confondre virtuel et possible revient à confondre l'ordre de l'Idée et l'ordre du concept, celui de la multiplicité productrice de différences et celui de l'identité, du même. L'actualisation par rapport au virtuel est le processus de différen*c*iation. Si le non existant est déjà *possible,* et si le pos-

---

3 Gilles DELEUZE, *Différence et répétition*, Paris, Presses universitaires de France, 1968, p. 236-237.
4 *Ibid.*, p. 237.
5 *Ibid.*, p. 270-271.
6 *Ibid.*, p. 269.

sible se propose à la réalisation, il n'y a pas de différence entre l'existant et le non-existant, le possible est recueilli dans le concept, et il est « conçu comme l'image du réel, et le réel, comme la ressemblance du possible »[7]. Le possible est produit de façon rétroactive, à l'image de ce qui lui ressemble ; à l'opposé, l'actualisation est une différence, en dehors de la ressemblance et de l'identité, dans un processus où la solution ne *ressemble* pas aux termes du problème. Le processus d'actualisation est une véritable création :

> …l'actualisation du virtuel se fait toujours par différence, divergence, ou différenciation. L'actualisation ne rompt pas moins avec la ressemblance comme processus qu'avec l'identité comme principe. Jamais les termes actuels ne ressemblent à la virtualité qu'ils actualisent […]. L'actualisation, la différenciation, en ce sens, est toujours une véritable création. Elle ne se fait pas par limitation d'une possibilité préexistante. […] S'actualiser, pour un potentiel ou un virtuel, c'est toujours créer les lignes divergentes qui correspondent, sans ressemblance à la multiplicité virtuelle. Le virtuel a la réalité d'une tâche à remplir, comme un problème à résoudre ; c'est le problème qui oriente, conditionne, engendre les solutions, mais celles-ci ne ressemblent pas aux conditions du problème[8].

Si l'analyse est l'actualisation d'un problème virtuel déduit d'une œuvre donnée, elle ne peut être alors que création, ne peut avoir de la valeur que si elle est fertile, pour soi ou pour les autres, qu'elle soit faite par le compositeur, l'enseignant ou le musicologue. Dans tous les cas, elle oblige à une pratique de la composition. Le statut de l'analyse musicale est clairement annoncé par Boulez dès les premières pages de *Penser la musique aujourd'hui* :

> J'ai, plusieurs fois déjà, fait remarquer qu'une analyse n'avait d'intérêt véritable que dans la mesure où elle était active et ne saurait être fructueuse qu'en fonction des déductions et conséquences pour le futur[9].

---

7 *Ibid.*, p. 273.
8 *Ibid.*, p. 273-274.

Pour que l'œuvre musicale soit cet objet qui se partage entre actuel et virtuel, l'analyse doit éviter d'en faire une entité fermée circonscrite à l'époque de son compositeur et doit, au contraire, la considérer comme une configuration dynamique de forces. Boulez insiste sur la contrainte paralysante que signifie situer l'œuvre dans les limites des réflexions de l'auteur ; il s'agit, avant tout, de « sauvegarder le potentiel d'inconnu enclos dans un chef-d'œuvre » :

> Je demeure persuadé que l'auteur, aussi perspicace soit-il, ne peut concevoir les conséquences – proches ou lointaines – de ce qu'il a écrit, et que son optique n'est pas forcément plus aiguë que celle de l'analyste (tel que je le conçois). Certains procédés, résultats, manières d'inventer, vieilliront ou bien resteront purement personnels, qui lui avaient paru primordiaux lorsqu'il les a découverts ; et il aura considéré comme négligeables ou comme détails secondaires des aperçus qui se révéleront, tardivement, d'importance capitale. C'est une grave préjudice que de confondre la valeur de l'œuvre, ou sa nouveauté immédiate, avec son éventuel pouvoir de fertiliser[10].

Boulez reviendra à la question de l'analyse à plusieurs reprises. Dans l'un de ses cours au Collège de France, le compositeur dénonce l'analyse académique, qui ne fait que chercher dans l'œuvre ce que l'on savait déjà que s'y trouvait. En partant de certaines formes établies historiquement, l'analyse se réduit alors à décrire tout ce qui leur ressemble : « Bref, on recherche les formes qui permettront d'enserrer l'œuvre, ou ce qu'il en reste, dans la carcasse d'une connaissance primaire et chiffrable »[11].

Une telle démarche mutile l'œuvre en la réduisant à un processus fini et formé, la pensant comme une somme de forces en équi-

---

9   Pierre BOULEZ, *Penser la musique aujourd'hui*, Paris, Gallimard, coll. « Collection Tel », n° 124, 1987, p. 12.
10 *Ibid.*, p. 13-14.
11 Pierre BOULEZ, « Idée, réalisation, métier », *in Leçons de musique. Deux décennies d'enseignement au Collège de France (1976-1995)*, Paris, C. Bourgois, coll. « Points de repère, 3; Musique-passé-présent », 2005, p. 72.

libre, classée à jamais dans une période historique déterminée, d'où elle ne peut pas ainsi échapper. Dans un tel cadre, les références de l'analyse ne peuvent se situer que par rapport au passé, donnant des conclusions prévisibles, inscrivant l'œuvre « dans une histoire lisse, unie et continue des processus qui sont, bien souvent, nés de contradictions, de césure, de failles, d'oscillations incertaines, bref, le plus souvent d'imprévisibles décisions. L'analyse débouche sur une description, alors que le doute, l'insatisfaction devraient être ses caractéristiques »[12].

Une analyse doit replacer l'œuvre dans l'instabilité virtuelle qui est la sienne, dans son brouillard d'images virtuelles, apparaissant alors comme un problème dont l'actualisation est une solution qui flotte elle-même à son tour dans un nuage virtuel, car il n'existe pas d'objet purement actuel. Le but de l'analyse est de rendre ces virtualités audibles – ou visibles sur la partition ; mieux encore, rendre audible non seulement quelque chose qui n'était pas perceptible jusque-là et qui n'est pas moins réel de ce que l'on entendait déjà, mais faire entendre le virtuel lui-même.

Comme le dit Boulez, c'est souvent vers des détails qui semblent secondaires qu'il faut se tourner pour dégager d'autres aspects d'une œuvre. L'analyse est non pas un exercice exhaustif et pesant, mais devient une fulguration intuitive qui s'accroche à un élément jugé indifférent et qui redistribue les rapports qui déterminaient jusque-là l'écoute de l'œuvre musicale.

L'analyse est dès lors nécessairement partielle et partiale, se plaçant au-delà de toute prétention à l'objectivité ou à l'universalité du point de vue. Les prétentions d'une telle analyse créatrice ne sont pas pour autant moins revendiquées ; or, ces prétentions concernent uniquement sa fertilité et non plus sa supposée vérité ou fausseté. L'analyse n'est vraie ni fausse, elle n'a qu'à être productrice – ou, mieux encore, la vérité de l'analyse dépend de sa fécondité, elle est vraie lorsqu'elle est création.

---

12 *Ibid.*, p. 74-75.

On peut rapprocher une telle définition de la vérité comme production, comme création, au pragmatisme de William James. Il ne s'agit pas pour James de donner, avec sa philosophie, une nouvelle définition de la vérité mais, comme l'écrit David Lapoujade, une méthode de construction et d'expérimentation pour de nouvelles vérités ; la théorie devient alors, seulement sous cette condition, une pratique créatrice :

> On ne juge plus une idée, une doctrine, un énoncé en fonction de leur vérité ; c'est au contraire la vérité d'une idée, d'une doctrine, d'un énoncé qui est évaluée en fonction de ses conséquences pour la pensée, l'action, la croyance. En ce sens, le pragmatisme est un instrumentalisme. On peut bien dire alors, comme les détracteurs du pragmatisme, qu'il s'agit de liquider la notion de vérité en tant que telle. En effet, la vérité est désormais évaluée en fonction d'une valeur qui la dépasse : l'Intéressant – en tant que valeur épistémologique. Que vaut une vérité qui ne fait pas agir, croire ou penser, bref, une idée sans intérêt ? C'est la raison pour laquelle la notion de ressemblance cesse progressivement de constituer un critère décisif[13].

C'est aussi à partir de cette idée d'une vérité jugée du point de vue de ses conséquences pour l'action, c'est-à-dire pour la composition, qu'il faut approcher la tendance chez Boulez à la systématisation de son langage, souvent prenant appui sur des concepts mathématiques. La question n'est pas celle de la « validité scientifique » des emprunts faits par Boulez aux mathématiques avec des notions telles qu'axiomatique ou coupure/continuum, ni de la correspondance entre ces catégories et celles de la musique, mais de savoir si ces fictions musico-mathématiques, ouvrent le champ d'action de la composition vers des nouvelles sensibilités.

---

13 David LAPOUJADE, *William James, empirisme et pragmatisme*, Paris, les Empêcheurs de penser en rond, 2007, p. 74-75.

Vertiges de la théorie

On connaît l'importance que l'œuvre et l'enseignement d'Olivier Messiaen ont eu pour Pierre Boulez ; son analyse du *Sacre du printemps* marqua profondément Boulez et sa musique était la seule à développer, pour celui qui devint son élève au milieu des années quarante, « une technique consciente de la durée », déliant l'écriture rythmique par la mise en place de différents procédés d'écriture :

- la réalisation de canons rythmiques par augmentation et diminution ou par ajout du point ;
- les agrandissements symétriques et asymétriques de cellules rythmiques ;
- la différenciation entre rythmes rétrogradables et non rétrogradables ;
- la création de modes de durées, le rythme prenant alors une valeur fonctionnelle[14].

Selon Boulez, les principes rythmiques sériels n'auraient pas pu être conçus sans le travail rythmique de Messiaen. Mais, plus fondamental encore pour l'élève semble être une bifurcation dans laquelle le maître semble avoir été conduit par l'élève, ou, du moins, dont le destin est inséparable aujourd'hui de celui de l'élève. Si Messiaen avait un penchant pour la codification de certains aspects de sa musique, vers 1949 il emprunte la voie d'une systématisation formelle plus complète, bouleversant radicalement son langage musical, introduisant comme jamais jusque-là une force qui semble désormais vouloir s'imposer, celle d'une *musique calculée*[15].

---

14 Pierre BOULEZ, « Éventuellement », *in Relevés d'apprenti*, Paris, Éditions du Seuil, 1966, p. 175.
15 Pierre BOULEZ, « Le temps de l'utopie », *in Leçons de musique. Deux décennies d'enseignement au Collège de France (1976-1995)*, Paris, C. Bourgois, coll. « Points de repère, 3; Musique-passé-présent », 2005, p. 444.

Sa musique semble alors marquée par un dilemme qui se manifeste dans les noms donnés à des pièces écrites selon les mêmes procédés : d'une part des titres poétiques inspirés souvent de la Bible – *Les yeux dans les roues, Les mains de l'abîme, Îles de feu* ; d'autre part, des titres qui renvoient, *agressivement*, à des problèmes techniques – *Reprises par interversion, Soixante-quatre durées, Neumes rythmiques, Modes de valeurs et d'intensités*[16]. Pour Messiaen deux possibilités se présentent : « préserver sa vision poétique, ou se laisser aller au vertige des problèmes du langage »[17], c'est-à-dire, inclure ces moyens techniques nouveaux dans son ancienne poétique musicale, ou laisser que ces moyens, recherchés pour eux-mêmes, fondent une nouvelle poétique.

En 1951, Messiaen abandonne cette systématisation théorique et se dirige vers une synthèse des éléments anciens et nouveaux, tandis que Boulez plonge, avec le premier livre de *Structures* pour deux pianos, dans la systématisation de toutes les dimensions du son, faisant coïncider la forme avec un diagramme arithmétique dont le principe est la série. Pour Boulez, le surgissement d'une nouvelle expérience musicale doit passer nécessairement par une recherche sur les moyens techniques. Dans son cours au Collège de France « La composition et ses différents gestes », Boulez se pose la question du rôle de la technique comme révélatrice de nouveaux gestes :

> Nos gestes expressifs sont peut-être limités, ou s'ils ne le sont pas, ils sont fortement conditionnés par notre atavisme culturel. En quoi la plongé dans la technique peut-elle être libératrice ? et faire découvrir des gestes expressifs auxquels nous n'étions pas préparés ?[18]

---

16 *Îles de feu I et II, Neumes rythmiques, Modes d'intensités et de valeurs* composent les *Quatre études de rythme*, œuvre pour piano écrite entre 1949 et 1950. *Les yeux dans les roues, Les mains de l'abîme Reprises par interversion, Soixante-quatre durées* font partie du *Livre d'orgue* composé entre 1951 et 1952.

17 Pierre BOULEZ, « Le temps de l'utopie », *op. cit.*, p. 448.

18 Pierre BOULEZ, « La composition et ses différents gestes », *in Leçons de musique. Deux décennies d'enseignement au Collège de France (1976-1995)*, Paris,

Citant les cas de la dernière des *Cinq pièces pour piano* op. 23 de Schoenberg ou encore celui de *Modes de valeurs et d'intensités*, où la spéculation sur les durées amène Messiaen à « une expression tout à fait nouvelle [...] qui débouchait sur toute l'évaluation *statistique* de la durée »[19], Boulez conclut sur la nécessité d'une réflexion sur le langage qui, par une pratique différente de celui-ci, conduirait à une sensibilité nouvelle.

C'est uniquement sous cet angle qu'un questionnement sur l'élargissement de la série à tous les paramètres devient pertinent : il s'agit de savoir si un tel procédé a une portée libératrice, créant de nouveaux gestes compositionnels qui modifient le mode d'être des sons et la manière de les écouter. Dès lors, on peut récuser certains lieux communs de la critique du sérialisme, celui d'une abstraction qui ne tient pas compte de la perception, celui d'une simple table rase négatrice, celui d'une raison toute puissante qui emprisonnerait la création au lieu de la libérer. En réalité, c'est grâce à cette abstraction, par laquelle la composition doit passer comme par une épreuve dont l'issue n'est pas assurée a priori, que l'œuvre devient non pas la négation de quelque chose d'ancien mais l'affirmation d'un nouvel ordonnancement des sons et d'une nouvelle écoute.

On connaît la radicalité de la systématisation dans *Structures Ia* : il s'agit de développer une axiomatique musicale, c'est-à-dire la formalisation par déduction de toutes les dimensions de l'œuvre musicale partant d'un seul principe, la série. La notion de série dans un tel contexte ne se réduit pas au déroulement d'un certain nombre d'objets, mais devient une fonction qui engendre un ensemble fini de possibilités créatrices[20]. Pour cela, Boulez abstrait,

---

C. Bourgois, coll. « Points de repère, 3; Musique-passé-présent », 2005, p. 162.
19 *Ibid.*, p. 163.
20 Dix ans après la composition de *Structures Ia*, dans *Penser la musique aujourd'hui*, Boulez définit la série comme « le germe d'une hiérarchisation [...] en vue d'organiser un ensemble FINI de possibilités créatrices [...]. Cet ensemble de possibilités se déduit d'une série initiale par une engendrement

du modèle d'origine, la série de douze notes de *Modes de valeurs et d'intensités*, des séries de douze chiffres qui permettent le passage de ce modèle aux autres paramètres du son, le principe même de l'opération étant la construction d'une théorie formelle applicable à des matières diverses, indépendamment de leur nature différente, en vue de un nouvel ordonnancement de leurs rapports.

La structuration des paramètres sonores sont dissociés dans un geste qui renvoie à celui que Boulez, à travers Messiaen, relevait chez Stravinsky. Mais ici, ce traitement sériel non seulement défait les formules mélodiques et harmoniques coagulées autour de la hiérarchie de la tonique et d'une métrique fixe, mais détermine aussi un nouvelle dimension dans l'espace de l'écriture : non plus la verticalité de l'accord ou l'horizontalité de la mélodie dans le plan, mais le surgissement, par en dehors de la prédétermination de ces deux dimensions, d'une diagonale dans l'espace sonore. Dès lors, pour une oreille attentive à cette dimension, *Structures Ia* ne se réduit pas à un simple chaos indifférencié, bien que le surgissement de cette diagonale soit indissociable d'une forme d'indétermination.

Structures Ia épuise toutes les possibilités de la matrice sérielle, donnant à chaque section des densités variables, allant d'un à six fils sériels. Dans ces superpositions, la succession des sons devient indifférente et imprévisible, abolissant tout reste mélodique et faisant dépendre les rapports verticaux des interférences entre les fils. La logique de ce nouvel espace sonore est définie dès lors par une statistique. Du point de vue du rythme, plus il y aura des couches, plus le rythme tendra vers une pulsation régulière, multipliant les rencontres verticales ; du point de vue des notes, plus il y a aura des couches, plus chacune des notes du total chromatique apparaîtra, multipliant les possibilités de rencontres entre les mêmes notes que, lorsque elles se produisent, sont souvent placées sur le même

---

FONCTIONNEL (Elle n'est pas le déroulement d'un certain nombre d'objets, permutés selon une donnée numérique restrictive) » Pierre Boulez, Penser la musique aujourd'hui, op. cit., p. 35.

registre pour que ces répétitions deviennent immédiatement audibles.

Comme le montre György Ligeti dans son analyse[21], la superposition de plusieurs fils fera surgir alors, de l'indifférencié des combinatoires sérielles, des « nœuds » différenciés, résultat de la répétition de certaines notes ou de certains intervalles dans le croisement des fils sériels. Ainsi par exemple dans la deuxième section de l'œuvre, qui superpose quatre fils sériels, le *mi* bémol apparaît quatre fois, alternant avec un *sol* dièse deux fois (mesures 8-9). Des figures peuvent donc se déterminer dans une diagonale dont la trajectoire reste indéterminée et dont la nature est de fluctuer entre différenciation et indifférenciation.

Avec son diagramme arithmétique, *Structures Ia* n'est pas une récusation du sensible. La systématisation de la série est la condition pour le déploiement d'une autre sensibilité : une musique dont les dimensions ne se coagulent plus dans la verticalité et l'horizontalité mais qui, faite de points suspendus dans l'espace, ouvre une diagonale dont la trajectoire fluctue entre l'indifférencié et le différencié. Écouter les éléments qui, dans une diagonale, peuvent s'actualiser dans des figures déterminées et non plus des figures constituées a priori dans la verticale et l'horizontale, est l'expérience sensible que cette œuvre propose. Une telle disposition n'est pas une erreur de conception ou une mauvaise estimation de nos capacités de perception traitant sur le même modèle abstrait des phénomènes de nature différente, notes, durées, intensités et modes d'attaque. Cette abstraction qui semble aberrante pour les habitudes de la perception se révèle féconde pour la création d'une nouvelle écoute, elle fait surgir un nouveau geste compositionnel et une expérience musicale inouïe. Dès lors, il n'est pas étrange d'entendre Boulez qualifier cette œuvre comme une expérience compositionnelle fondatrice[22] : elle détermine une certaine conception de la composition qui prendra une nouvelle impulsion

---

21 György LIGETI, « Décision et automatisme dans la *Structure Ia* de Pierre Boulez », *in Neuf essais sur la musique*, traduit par Catherine FOURCASSIÉ, Genève, Contrechamps éd, 2001, p. 117-126.

avec une définition mobile et variable de l'espace sonore dans *Pli selon pli*.

Les variations infinies du pli

Si *Structures Ia* définissait, avec la diagonale, une nouvelle dimension dans l'espace, les points de cette diagonale restaient redevables d'un espace sonore traditionnel, dont la découpe est discrète et reste invariable : le rythme dépend toujours de multiples entiers d'une valeur donnée et les notes sont distribuées selon l'étalon de la tonalité, l'octave, toujours divisée en douze demi-tons égaux. Si, depuis des siècles, l'évolution de la musique s'était dirigée vers une simplification et une standardisation des intervalles et de la métrique, en vue d'une plus grande efficacité et complexité de l'écriture contrapontique, le temps est venu, écrit Boulez au début des années soixante dans *Penser la musique aujourd'hui*, « de prospecter des espaces variables, à définitions mobiles – ayant loisir d'évoluer (par mutation ou transformation progressive) dans le cours même d'une œuvre »[23]. Il s'agit là de la proposition la plus importante de Boulez ; elle est devenue depuis le seuil à partir duquel la composition doit penser sa pratique.

La variabilité de l'espace sonore est incompatible avec la grille prédécoupée des fréquences et des durées (tempérament, valeurs rythmiques relatifs, métrique régulière, etc.). Pour que l'espace sonore puisse évoluer d'une œuvre à une autre, ou au cours même d'une œuvre, il faut le penser comme un continuum qu'il serait possible de découper librement. Ce continuum, c'est la coupure qui le détermine :

---

22 « Cette espèce d'absurdité, de chaos et d'engrenage mécanique qui tend pratiquement vers le hasard, c'est absolument voulu et c'est, probablement, une des expériences fondamentales dans ma vie de compositeur » Pierre Boulez, Par volonté et par hasard. Entretiens avec Célestin Deliège, Paris, Éditions du Seuil, coll. « Collection Tel quel », 1975, p. 71-72.
23 Pierre BOULEZ, *Penser la musique aujourd'hui, op. cit.*, p. 94.

> Il me semble primordial de définir [...] le continuum. Ce n'est sûrement pas le trajet continu « effectué » d'un point à un autre de l'espace (trajet successif ou somme instantanée). Le continuum *se manifeste* par la possibilité de *couper* l'espace suivant certaines lois ; la dialectique entre continu et discontinu passe donc par la notion de *coupure* ; j'irai jusqu'à dire que le continuum est cette possibilité même car il contient, à la fois, le continu et le discontinu : la coupure, si l'on veut, change le continuum de signe[24].

Boulez emprunte la catégorie de coupure à Richard Dedekind qui, à la fin du XIXe siècle, cherche à définir la continuité sans faire appel à une intuition sensible liée à la géométrie : il s'agit pour lui de développer un fondement purement arithmétique du calcul différentiel, c'est-à-dire une analyse des grandeurs continues, en dehors de toute représentation ou référence à la géométrie.

Dedekind part, dans « Continuité et nombres irrationnels »[25], d'un fait connu : l'ensemble de nombres rationnels ne suffit pas à rendre compte de l'ensemble de points sur une droite : « la droite L est infiniment plus riche en individus ponctuels que le domaine R des nombres rationnels en individus numériques »[26]. Il s'agira donc, dans cette approche qui se veut purement arithmétique, d'affiner le domaine des nombres rationnels par la création de nouveaux nombres, « de telle sorte que le domaine des nombres acquière la même complétude, ou, disons-le tout de suite, la même *continuité* que la ligne droite »[27].

Comme le montre Dedekind, dans la continuité de la droite, chaque point peut déterminer une *coupure* en deux ensembles (A1, A2) comprenant chacun une infinité d'individus, les points qui sont à gauche, les points qui sont à droite de cette partition. De même, dans le domaine discontinu des nombres rationnels, chacun d'entre eux peut engendrer un décomposition du système en

---

[24] *Ibid.*, p. 95.
[25] Richard DEDEKIND, « Continuité et nombres irrationnels », *in La création des nombres*, Paris, J. Vrin, coll. « Mathesis », 2008.
[26] *Ibid.*, p. 69.
[27] *Ibid.*

deux classes, les nombres rationnels inférieurs et les nombres rationnels supérieurs au nombre qui produit la coupure. Or, sur la droite, il existe une infinité de points qui ne correspondent à aucun nombre rationnel. Il existe donc aussi une infinité de coupures qui ne sont pas engendrés par des nombres rationnels : en cela consiste leur incomplétude. L'invention des nombres irrationnelles vient combler ce vide : « Maintenant, chaque fois que nous sommes en présence d'une coupure (A1, A2) non opéré par un nombre rationnel, nous *créons* un nouveau nombre ⊻, un nombre irrationnel, que nous considérons comme totalement défini par cette coupure »[28].

Le continuum chez Boulez renvoie à la coupure, c'est la coupure qui crée le continuum, qui le détermine, c'est à travers la coupure que le continuum se manifeste, ce qui suppose l'existence d'un plan où l'on peut intervenir librement, que l'on peut partitionner autrement que selon les découpes traditionnelles, mais dont l'expérience ne se fera qu'à travers les coupures décidées par la composition. Car le continuum chez Boulez ne renvoie pas à la réalisation effective de trajets continus dans l'œuvre, par des glissandi ou des évolutions progressives d'un état sonore à un autre. Il constitue plutôt la puissance de créer à chaque fois un espace sonore et de le varier au cours de l'œuvre, la composition devenant cette variation même de l'espace sonore.

D'après la manière dont elle est réalisée, la coupure déterminera l'espace selon deux manières, strié et lisse. Dans un espace strié, la coupure est définie par un étalon qui se renouvelle régulièrement, tandis que dans un temps lisse la coupure n'est pas déterminée et intervient librement, de manière irrégulière[29]. L'espace sonore est désormais entièrement ouvert pour que la composition y dessine une possibilité, mélangeant et superposant les deux états, fluctuant entre détermination et indétermination, octroyant et ôtant à l'oreille des repères.

---

28 *Ibid.*, p. 77.
29 Pierre BOULEZ, *Penser la musique aujourd'hui, op. cit.*, p. 95.

N'étant plus conçu de manière discrète et fixe, l'espace sonore en tant que continuum détermine dans la musique de Boulez le pli comme catégorie musicale. Deleuze écrit : « La division du continu ne doit pas être considérée comme celle du sable en grains, mais comme celle d'une feuille de papier ou d'une tunique en plis, de telle façon qu'il puisse y avoir une infinité de plis, les uns plus petits que les autres, sans que le corps se dissolve jamais en points ou minima »[30]. Dès lors, on ne va plus de point en point mais de pli en pli, dans une variation infinie : le continu n'est pas une simple droite, mais une courbe qui devient, à travers ses multiples inflexions, un labyrinthe.

Dans l'écriture musicale du moyen Âge, la *plica*, pli en latin, est un ornement dont le caractère serait proche de celui de la petite note dans la notation actuelle. Selon un ancien traité, la *plica* « est un signe divisant le son en un son divers, en divers intervalles, tant ascendants que descendants »[31]. Il s'agit d'une *nota plicata*, d'une note pliée, mais dont le plissement ne consiste pas simplement en scander la même note, il produit une nouvelle note, il divise le son et fait surgir un son divers. L'inflexion est l'élément génétique idéal de la courbure, écrit Deleuze, le pur événement, le virtuel, l'idéalité par excellence, un événement qui serait attente d'un événement et qui à ce titre passe déjà par des transformations possibles[32].

Les petites notes hors pulsation prolifèrent dans la *Deuxième improvisation sur Mallarmé*, pièce centrale de *Pli selon pli* : il ne s'agit plus d'éléments occasionnels et limités à des simples appogiatures, retards ou échappées, mais traversent, sur plusieurs notes, en zigzag, les registres des instruments. L'autre élément face aux petites notes est la résonance : les sons se contractent et se dilatent,

---

30 Gilles DELEUZE, *Le pli*, Paris, Editions de Minuit, coll. « Critique », n° 70, 1988, vol. 1, p. 9.
31 Willi APEL, *La notation de la musique polyphonique 900-1600*, traduit par Jean-Philippe NAVARRE, Liège, Mardaga, coll. « Musique - musicologie », 1998, p. 202-203.
32 Gilles DELEUZE, *Le pli*, op. cit., p. 21-23.

se plient en ornements et se déplient en résonances. Le dispositif instrumental a été conçu et est utilisé en vue de produire ce plissement ornement/résonance : la harpe, le célesta, le vibraphone, le piano sont capables de produire tout aussi bien de traits agiles que des résonances plus ou moins longues et complexes. À ces instruments s'ajoutent les cloches, dont le son inharmonique et fondamentalement instable, brouille l'espace en introduisant une variabilité aléatoire des fréquences dans le temps. Petites notes hors pulsation et résonances sur des points d'orgue, le rythme chez Boulez dispose du continu temporel par-delà les plis de la pulsation et de la métrique régulière.

Dans cette pièce, Boulez dépasse les opérations sérielles simples de *Structures Ia*. Ici, les séries se plient, leurs segments se multiplient, suivant des procédés d'engendrement variable, et créent des blocs sonores plus ou moins denses. Les multiples plis font proliférer le matériau jusqu'au point d'obliger le compositeur à l'élaguer, pour ne pas tomber dans l'indifférencié complet :

> Oui, j'ai un sens probablement inné pour ce que j'appellerai la prolifération des matériaux [...]. Si j'ai en face de moi une idée musicale, ou une espèce d'expression musicale à donner à partir d'un certain texte que j'ai inventé, je découvre dans ce texte, quand je le soumets à ma propre analyse, quand je le regarde sous tous les angles, de plus en plus de façons de le varier, de la transformer, de l'augmenter, de le multiplier. [...] Il faut après, élaguer. J'ai plutôt du mal à me tenir à des développement très propres, à avoir un négatif, j'entends : des aspects négatifs de la composition, plutôt que des aspects positifs. La tendance à la prolifération, je la sais dangereuse parce qu'elle peut entraîner toujours vers le même type de densité, c'est-à-dire une densité extrême à tout moment, une tension ou une variation extrêmes. Dans beaucoup de cas, il m'a donc fallu réduire, élaguer les possibilités, ou alors les mettre les unes à la suite des autres de manière à en faire une évolution dans le temps, et non pas une superposition qui aurait été trop compacte[33].

---

33 Pierre BOULEZ, *Par volonté et par hasard*, op. cit., p. 14-15.

Le continuum de l'espace sonore invalide non seulement les articulations de la forme traditionnelle, mais jusqu'à la fixité des repères que l'œuvre propose. Au début de la pièce centrale de *Pli selon pli* on distingue deux types d'écriture vocale, mélismatique pour la première strophe, syllabique pour la deuxième et, entre les deux strophes un passage percussif. Si la musique pose au début les repères de sa forme, articulant clairement les strophes du poème, ces rapports ne seront pas conservés au-delà des premières mesures. L'élément percussif interviendra non plus entre les strophes, mais entre les vers et parfois en se superposant au chant. La deuxième strophe, chanté de manière syllabique devient déjà vers la fin mélismatique, annonçant des passages de plus en plus rapprochés des deux procédés dans les troisième et quatrième strophes. L'alternance, dans la deuxième strophe, entre des moments syllabiques *senza tempo* et des moments instrumentaux, dérivera elle aussi vers d'autres agencements. Les matériaux ne cesseront de s'entremêler au cours de l'œuvre comme dans une tresse, se mélangeant, se modifiant mutuellement. L'objet de la composition devient chez Boulez la variation même de l'espace sonore au cours de l'œuvre. Cela correspond au statut d'un objet musical qui ne se rapporte pas à un moule spatial, à un rapport forme-matière, « mais à une modulation temporelle qui implique une mise en variation continue de la matière autant qu'un développement continu de la forme »[34].

Ainsi approchée, l'œuvre de Boulez, objet musical pris dans la modulation, qui n'existe qu'à travers ses métamorphoses, dans la déclinaison de ses profils, se prête à une vraie analyse. Cette transformation continue de l'objet, avec ses multiples inflexions, engage une transformation corrélative du sujet, ils se déterminent mutuellement. Puisque chaque inflexion du pli détermine un point de vue, la multiplication des inflexions appelle à une variété de points de vue. Dès lors, de même que l'objet n'est plus essentialiste, mais devient événement, le point de vue ne signifie pas dépendance vis-à-vis d'un sujet défini au préalable : sera sujet ce qui vient au point

---

[34] Gilles DELEUZE, *Le pli, op. cit.*, p. 26.

de vue, le point de vue étant « la condition sous laquelle un éventuel sujet saisit une variation »[35]. Mais, comme dans le perspectivisme de William James, il ne s'agit pas de la relativité du vrai mais de la vérité de la relativité : le perspectivisme implique non pas « une variation de la vérité d'après le sujet, mais la condition sous laquelle apparaît au sujet la vérité d'une variation »[36].

---

35 *Ibid.*, p. 27.
36 *Ibid.*

Surface(s) et profondeur(s)

Olga Moll

D'un point de vue méthodologique, à l'encontre de démarches qui élaborent de nouvelles catégories pour rendre compte de la singularité d'un répertoire, ce qui suit constitue plutôt une exploration aventureuse entreprise à partir d'une intuition. La nature transdisciplinaire de mon travail par la fréquentation des concepts de la psychanalyse et des outils qu'elle se donne, a fait germer dans mon esprit, l'idée que certains questionnements lacaniens sur le mode de transmission des concepts psychanalytiques étaient tout à fait proches des problématiques propres à l'analyse musicale. Au-delà d'une refondation des catégories se pose également pour nous la façon dont sera montrée, transmise, l'analyse musicale. Comment en faire ressentir, comprendre, efficacement les enjeux profonds ? Pour la psychanalyse en arrière plan se profile en outre une problématique essentielle : le passage à l'écriture. Cette monstration, cette transmission se veulent écriture. Nous n'aurons pas le temps de l'évoquer ici bien qu'à mon avis ce soit une question centrale.

Pourquoi donc ce besoin ressenti par Lacan, d'un mode spécifique de transmission ? Parce que pour la psychanalyse, la langue, le langage sont source de malentendus. Chacun peut faire l'expérience de cette difficulté qu'il y a, à comprendre la pensée de l'autre. En posant des questions, nous tentons de mieux cerner ce que cet autre nous a présenté, à l'aide de nos propres signifiants. Ce processus est révélateur de la fonction du symbolique dans notre vie et donc de la difficulté de notre entreprise, puisque en cherchant à inventer de nouvelles catégories, de nouveaux concepts, cela revient dans une certaine mesure à proposer une nouvelle organisation du monde. Lacan lorsqu'il relit Freud et surtout lorsqu'il le prolonge, le développe, se trouve dans le même type de situation et l'objet de la psychanalyse, le psychisme humain et en particulier son inconscient, est pour le moins aussi évanescent et complexe que l'est l'œuvre musicale. Ainsi comment rendre compte au mieux de ces objets et de leurs théorisations ? Lacan apporte une première réponse avec les mathèmes, sortes de formules algébriques qui montrent des rapports, des relations entre éléments. Il recherche une transmission du savoir psychanalytique portant sur la structure, en dehors des variations propres à l'imaginaire et échappant à la nécessité du support de la parole de l'auteur. Le mathème est écrit pour tous, et simultanément chacun le lit au travers du filtre de sa singularité. Au terme d'une analyse, l'analysant devrait savoir ce que chaque mathème veut dire pour lui.

Ces mathèmes ne suffiront pas à Lacan et ils seront complétés au cours des années par l'emprunt de la topologie aux mathématiques. Cette branche des mathématiques fournit un vocabulaire et un cadre théorique général qui permettent de traiter les notions de limite, de continuité, de voisinage. Les espaces topologiques forment le socle conceptuel permettant de définir ces notions. Ils sont classés notamment par le nombre de leurs dimensions qui peut aller de zéro jusqu'à l'infini et bien entendu leurs propriétés sont étudiées. La topologie s'intéresse également à la déformation des objets et des espaces. Elle se divise elle-même en différentes branches. La théorie des nœuds à laquelle Lacan se consacrera sur la fin de sa vie en fait également partie. Alors pourquoi s'intéresse-t-il à la topologie ? Notamment parce que certains de ses objets[1] lorsqu'on les observe, provoquent l'étonnement, la surprise. Une comparaison usuelle chez les topologues fait de ce dernier une personne qui ne sait pas distinguer une tasse d'un beignet.

---

1   Tore, bande de Moebius, bouteille de Klein, cross cap.

Topologie

Géométrie en caoutchouc

En effet on appelle parfois la topologie, géométrie en caoutchouc, car deux objets sont considérés comme équivalents (le beignet et la tasse) s'ils ont le même nombre de morceaux, de trous, d'intersections etc.… Il est donc permis d'étirer, de tordre un objet, mais toujours sans le rompre, ni séparer ses parties, ni coller ce qui est séparé. Par exemple, un carré est topologiquement équivalent au cercle.

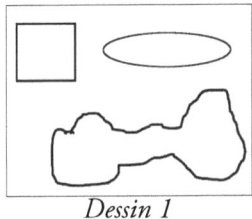

Dessin 1

Autre type de surprise : la remise en question de la relation intérieur-extérieur. Si certaines figures comme le cercle (deux dimensions) ou la sphère (trois dimensions) déterminent un dedans et un dehors, d'autres figures, topologiques, telle que par exemple la bouteille de Klein, ne le font pas. Pour comprendre comment cela est possible il faut imaginer un individu vivant dans un monde plat, à 2 dimensions. On essaye alors de lui expliquer ce qu'est un nœud et pour cela, on le lui dessine.

Dessin 2

Que voit-il ? Une courbe qui s'auto-intersecte.

On lui explique alors que ce ne sont pas des points d'intersections qu'il voit, mais que la courbe passe « dessus » et « dessous ». Notre individu est interloqué : vivant dans un monde à deux dimensions, un monde plat, il ne comprend pas ce que sont « dessus et dessous ». Il lui manque une dimension pour comprendre ce qu'est un nœud. Nous rencontrons le même problème lorsque nous essayons de visualiser la bouteille de Klein, mais dans un système qui passe de trois à quatre dimensions.

L'auto-intersection de la surface que nous croyons voir dans la bouteille de Klein n'existe que parce que considérée dans un espace à trois dimensions. Dans un univers à quatre dimensions il n'y a pas de recoupement de la surface.

Dessin 3

Ces objets topologiques nous forcent donc à considérer notre monde d'un autre oeil, selon une autre perspective. Il est maintenant possible de pressentir en quoi la topologie peut susciter un nouveau regard sur l'analyse musicale, dans la mesure où elle questionne le continu, la limite, le voisinage des objets entre eux et redéfinit les concepts d'équivalence, de transformation, et qu'enfin elle ouvre sur des univers dans lesquels les oppositions ouverture-fermeture, dessous-dessus, sont remises en cause[2].

L'objet topologique abordé aujourd'hui est sans doute le plus simple, il s'agit de la bande de Möbius : extrêmement facile à construire et révélatrice de la variabilité des propriétés d'un objet selon sa "configuration". Si l'on considère par exemple une feuille de papier, il s'agit d'une surface à deux faces (recto-verso) qui possède un bord qui fait le tour de la feuille, et qui n'a que deux dimensions. C'est la planète du personnage plat à qui l'on demandait d'imaginer ce qu'est un nœud. Si l'on colle deux des bords opposés de la feuille pour en faire un cylindre, l'objet a toujours deux faces, mais la continuité du bord de la feuille étant interrompue par le collage, ce sont deux bords que l'on compte maintenant, aux deux extrémités du cylindre, le tout impliquant désormais trois dimensions.

Opérons une nouvelle mutation en transformant la feuille initiale en bande de Möbius, en collant cette fois les petits côtés de la feuille après avoir effectué une torsion d'un demi-tour.

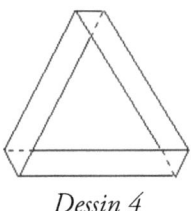

Dessin 4

Alors on n'a plus qu'une seule face, un seul bord, (qui peut être représenté par un cercle), pour trois dimensions. Les propriétés de

---

2 Pour cette capacité de l'écriture musicale à remettre en cause les oppositions, je renvoie à mon article Olga MOLL, « L'apparence de l'idée », in Jean-Paul OLIVE (dir.), *Réfléchir les formes. Autour d'une analyse dialectique de la musique*, Paris, l'Harmattan, coll. « Arts 8 », 2013, p. 157-176.

l'objet défient la perception que nous en avons. Le graveur Escher représente la bande de Möbius[3] en y déposant des fourmis qui vont indéfiniment parcourir les deux faces (si l'on peut dire) de la feuille, sans franchir jamais aucun bord. L'œuvre de cet artiste nous introduit merveilleusement à l'inquiétante étrangeté de cet univers topologique : *Belvédère, Monter et descendre, Convexe et concave, Exposition d'estampes*,...

Topologie et temps

Pour avancer dans notre propos il faut ajouter maintenant que le temps constitue en topologie une dimension indissociable de celle de l'espace[4]. Dans le contexte de la bande de Möbius, c'est lui, le temps, qui permet qu'un second tour se fasse pour revenir au point de départ, second tour correspondant dans la configuration du cylindre au trajet qui s'effectuerait sur le verso du ruban. Ce second tour n'existe que parce qu'un premier a eu lieu. Ainsi selon que le temps est pris en considération, ou pas, les propriétés dimensionnelles de l'objet diffèrent. En outre elles diffèrent aussi, selon qu'on considère l'objet localement ou dans sa totalité. Ce lien intrinsèque entre espace et temps, Lacan y trouve un intérêt majeur dans la mesure où l'existence du premier dépend nécessairement (au sens mathématique du terme) du second. Jeanne Granon-Lafont écrit dans son ouvrage *La topologie ordinaire de Jacques Lacan* :

> « L'espace en lui-même ne renferme pas la dimension de la profondeur, la fameuse troisième dimension. C'est seulement pour celui qui est plongé dans l'espace que, selon ses mouvements déroulés dans le temps, il y a un avant et un après, et par conséquent un devant et un derrière. Les topologues ont recours classiquement, pour manipuler cette perception et ses illusions, à la métaphore de la fourmi. [...] En revanche, l'horizon, le point où la bande se retourne, amorce sa torsion, toujours par rapport à son environnement immédiat, est perçu comme profondeur. Or cette profondeur a comme mesure le temps que la fourmi va

---

3 En 1963.
4 Dimension espace-temps dont il est question en physique.

mettre pour rejoindre le point de torsion, et elle ne l'atteindra jamais puisque lorsqu'elle y sera arrivée, un autre horizon se présentera toujours comme troisième dimension, comme profondeur »[5].

« *Sortir et rentrer par telle porte qu'on préfère...* »
Profondeur paradoxale

Bien que la notation musicale prétende représenter le temps sur l'axe horizontal de la successivité, elle ne réussit pas cependant selon mon sentiment, à en rendre compte totalement. D'une part parce que les axes de représentation de la musique sont ceux du plan, imposés par la feuille de papier et que, d'autre part, la profondeur notée sur la partition relève non pas du temps, mais de l'axe de simultanéité des événements sonores, rapportés à l'axe des hauteurs : certains événements se déroulant au-dessus ou au-dessous des autres. Il y a donc du point de vue de la représentation du musical, un coinçage (paradoxe ?) à propos de la profondeur : elle ne constitue pas une dimension supplémentaire générée par le déroulement temporel, elle est l'une des deux dimensions de la représentation, et de surcroît perpendiculaire à l'axe temporel. Ainsi ces deux axes s'ils ont à voir avec une certaine idée de la profondeur, nous la donnent à voir, à plat, en deux dimensions[6].

C'est lisant le livre de Sylveline Bourion, *Le style de Claude Debussy : Duplication, répétition et dualité dans les stratégies de composition*, dans lequel l'auteure fait état des difficultés analytiques auxquelles elle s'est trouvée confrontée, que la topologie et en particulier la bande de Möbius me sont apparues comme des perspectives permettant d'envisager les questions d'analyse musicale sous un nouveau jour.

---

5 Jeanne GRANON-LAFONT, *La Topologie ordinaire de Jacques Lacan*, Paris, Point hors ligne, coll. « Problèmes actuels de psychanalyse », 1985, p. 14-15.
6 Comment ne pas penser ici à certaines œuvres de Klee ? A son intérêt pour la polyphonie et ce qui pourrait en être rendu du point de vue plastique sur le plan de la toile ; *Fugue en rouge* par exemple.

Le premier paradoxe debussyste souligné par Sylveline Bourion est celui-ci : "comment l'extrême fluidité syntagmatique qui se révèle à l'écoute peut-elle s'accommoder d'une grande rigueur paradigmatique que la lecture atteste ? »[7]. La rigueur paradigmatique dont il est question ici est due à la duplication, mais une duplication que Debussy utilise d'une façon tout à fait spécifique. L'auteure en fait une analyse poussée et constate d'une part, qu'il n'est pas une œuvre de Debussy où la duplication n'entre en jeu, d'autre part qu'elle n'est cependant jamais utilisée de façon systématique. Aussi elle inventorie les multiples stratégies de transformations utilisées par le compositeur. Stratégies qui se combinant, vont jusqu'à brouiller les frontières entre dupliqué et dupliquant, et surtout jusqu'à rendre inaudible dans certains cas la relation dupliqué-dupliquant[8].

> « C'est donc un processus [...] qui s'adresse directement à l'intelligence perceptive et immédiate de reconnaissance du connu. [...] il se trouve que Debussy contrarie presque systématiquement cette perception immédiate de reconnaissance, en cherchant, par des moyens divers […] à tromper l'ennemi, c'est-à-dire à faire en sorte que les procédés de répétition et de transformation […] soient masqués, embrouillés par d'autres procédés »[9].

Elle démontre également que chez Debussy la duplication n'est pas uniquement une technique de dérivation de l'idée musicale, mais qu'elle joue un rôle formel structurant.

Je fais ici l'hypothèse que l'une des fonctions de certaines formes de la duplication chez Debussy, en particulier la technique de la « traversée de registres » couplée à la technique du « déphasage des duplications superposées », consiste par ce travail d'écri-

---

7   Sylveline BOURION, *Le style de Claude Debussy: duplication, répétition et dualité dans les stratégies de composition*, Paris, Vrin, coll. « Musicologies », 2011, p. 16.
8   Relation que seule l'analyse dévoile.
9   Sylveline BOURION, *Le style de Claude Debussy, op. cit.*, p. 17.

ture, à projeter la profondeur d'un axe sur l'autre, par le déploiement du simultané dans le successif dans un esprit möbien. S Bourion, sans le rapporter à la topologie observe elle aussi :

> « [...] ce transvidement, ce transvasement d'une catégorie (identité successive) dans l'autre (identité concomitante) [et] devra encore une fois nous faire admettre que la duplication n'est pas un procédé à considérer en dehors des autres formes de répétition. Les différentes formes de contraste et d'identique (répétition-variation, duplication-non-duplication, imitation, transposition) ne sont en rien des catégories étanches, mais œuvrent plutôt en équipe, le défaut de l'une venant compenser l'excès potentiel de l'autre, la complexité de l'autre venant équilibrer la simplicité de l'une »[10].

Si l'on file la métaphore de la fourmi sur le ruban de Möbius, ce qui est localement sous ses pattes est aussi également devant elle (ou derrière) dans son parcours de surface. Ce n'est pas que l'idée soit neuve sur le plan musical, les techniques du contrepoint et en particulier celle du renversable impliquent la réversibilité du dessus et du dessous, mais chez Debussy il ne s'agit pas d'une simple inversion mais d'un processus affectant l'ensemble de la pièce, voire même peut-être d'une technique qui fait style. Ce qui semble intéresser Debussy est le brouillage des limites, l'effacement des oppositions par la perte de points de repérage : perdre la boussole des points cardinaux pour entrer dans un nouvel espace.

Répétitions voilées

Nous nous intéresserons pour le comprendre au second prélude du premier livre : *Voiles*. Son matériau est d'une grande simplicité cependant masquée par la complexité de son traitement. L'écriture est caractérisée par une superposition de strates et un usage de la répétition tissé entre les divers niveaux du discours. On y observe donc à mon sens le déploiement d'un espace de type möbien, caractérisé par la la projection du simultané dans le successif. Cette projection est opérée de façon aussi bien littérale que

---

10 *Ibid.*, p. 385.

subtile, par un tressage des deux axes (qui transforme la profondeur de l'axe des hauteurs en surface[11]).

On peut voir sur cette présentation paradigmatique de la strate supérieure de la première section du prélude, trois occurrences d'une phrase, que j'appellerai pour reprendre la terminologie de S Bourion : thème structural.

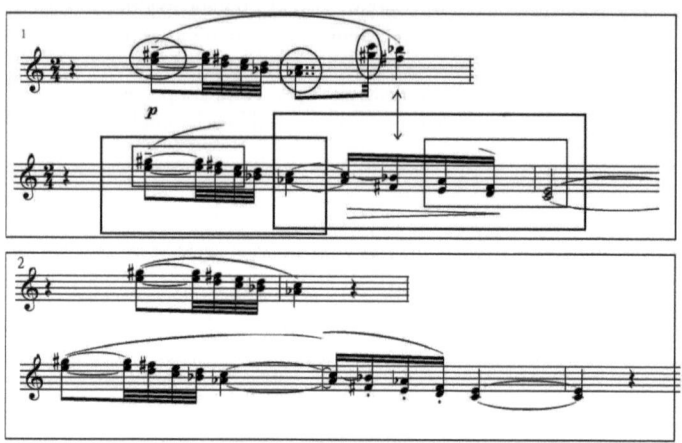

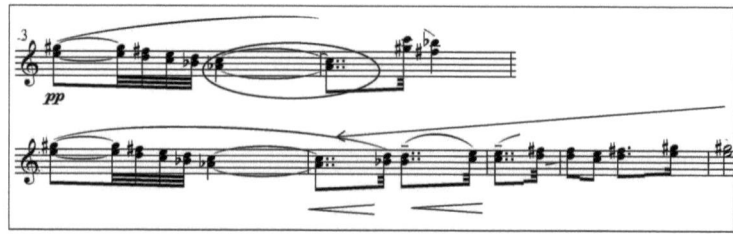

Exemple 1

Il est construit à partir d'un motif qui fera l'objet et de duplications et de dérivations. Ce motif en gamme par tons[12] doublé en 3ces majeures parallèles, vient se poser sur une valeur longue lors-

---

11 Au sens de superficie.
12 *Lab, sib, do, re, mi, fa#, sol# (lab)*

qu'on retrouve à la partie inférieure, l'enharmonique du son initial (*lab-sol#*). Le rebond à l'octave supérieure qui ponctue le motif permettra également de lancer le conséquent par la continuité de la gamme descendante. Ce conséquent reprend l'antécédent, marque une pause légèrement allongée avant d'amplifier la descente. Conséquent asymétrique donc. L'amplification est produite par la redite des sons initiaux à l'octave inférieure, toujours dans la continuité de la gamme descendante. La désinence est cependant freinée par l'augmentation du rythme initial (la mesure 4 redouble les valeurs du temps précédent [2d temps de la mesure 3], avec un tuilage de la valeur d'arrivée qui constitue simultanément la valeur de départ de la duplication (voisinage-limite)[13].

La deuxième occurrence supprime le rebond et décale ainsi tous les appuis métriques du conséquent. La troisième mêle les caractéristiques des deux précédentes, grâce à un nouvel allongement du point de repos. Un élément contrastant semble faire ensuite irruption, mais ce n'est qu'une apparence, car il est simplement constitué de l'élément initial présenté par mouvement rétrograde[14]. Il a pour effet d'enclencher un mouvement d'ascension, nous ramenant au point de départ, dans un effort marqué par l'augmentation rythmique qui implique quatre mesures de mouvement ascendant, franchi en deux vagues, là où il n'en fallait qu'une pour descendre.

Sous cette strate déjà complexe dans la façon dont elle emploie la duplication, on compte deux autres strates. Dans le schéma qui représente leur combinaison on peut observer que la périodicité des itérations de chaque strate est indépendante et que l'une d'entre elles assure constamment la continuité, favorable donc à « l'extrême fluidité syntagmatique qui se révèle à l'écoute, malgré la rigueur paradigmatique que la lecture atteste » pour reprendre les propos de Sylveline Bourion.

---

13 Premier cadre sur l'image.
14 Nous y reviendrons ultérieurement.

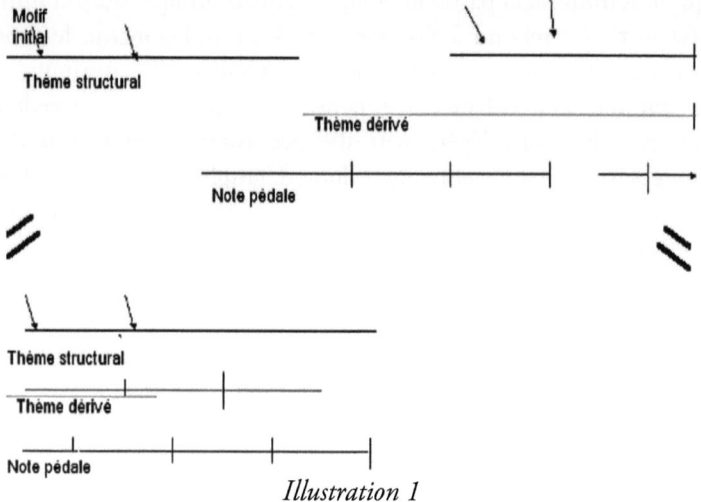
Illustration 1

La seconde strate fait son entrée dans le grave et est constituée d'une note unique, pédale rythmée, parfois sur un rythme obstiné. La troisième est introduite peu après, dans le grave du médium, par l'énonciation d'une ligne, distincte du thème structural du point de vue du caractère, mais qui en dérive pourtant comme nous le verrons tout à l'heure. Cette première page est un exemple de la technique de déphasage des duplications superposées.

Désorientation

Abordons maintenant plus précisément la raison pour laquelle ce prélude peut être saisi comme espace de type möbien, raison qui constitue en outre un moteur formel de la pièce : il s'agit de la mobilité du matériau de l'une des couches structurales de la texture et de la traversée des registres qui en est la cause (traversée qui contribue à transformer la profondeur en surface par une (dés)orientation de l'espace[15]). Nous venons de voir comment dans la première section, chaque élément constitutif de la texture

---

15 L'orientation (d'une figure, d'un plan...) est également un paramètre topologique.

est affecté à une région de l'espace sonore. Au cours de la pièce, le matériau de la strate centrale, c'est à dire le thème dérivé du thème structural, suit une trajectoire diagonale qui le mène progressivement vers l'aigu. Mais voyons déjà en quoi le thème de la strate centrale est dérivé du thème structural :

Exemple 2

Le motif initial malgré sa grande simplicité montre une organisation serrée. Il donne une finale à la gamme par tons (*sol#-lab*) : note supérieure de départ, note inférieure d'arrivée, positions qui reposent sur nos habitudes perceptives et qui nous sont données à entendre plus longuement que les notes intermédiaires). La partie supérieure est caractérisée par une notation en dièses, la partie inférieure par une notation en bémol, et en fait, deux régions sont d'ores et déjà déterminées, deux régions qui ont pourtant une zone commune, la tierce *do-mi*, dont la note centrale *ré* constitue l'équivalent d'une dominante[16]. Le thème dérivé est constitué à partir de cette face inférieure du thème structural. Il la présente d'abord par mouvement rétrograde, en dupliquant les trois premiers sons,

---

16 Dans la gamme par tons, gamme à 6 degrés, le ré constitue l'exact milieu de l'octave : au triton. Accentuée mesure 10, cette dominante jouera un rôle important dans la seconde section.

comme en écho de la duplication du motif initial du thème structural[17]. L'ascension est aussi lente, sa déclivité douce voire hésitante, que la chute du thème structural est rapide et décidée.

Exemple 3

Puis après avoir atteint le *ré* médian, c'est la forme droite, désinente, qui ramène à la finale *lab*. Le dessous du motif initial, sort de l'ombre, s'affirme comme dessus potentiel. Il ne l'est pas encore puisqu'il sera recouvert par la seconde occurrence du thème structural. Mais précisément un processus va l'amener progressivement à la surface (de l'épaisseur) par une traversée des registres tout au long du prélude, émergence soutenue par la densification de sa texture, que l'on peut observer dans l'exemple ci-dessous :

---

17 Proche de l'anaphore.

Exemple 4

D'octave en octave, il rejoindra le registre aigu sur le *lab-sol#4*, et pour sa dernière occurrence, ce sera une énonciation au contraire sans épaisseur, pure ligne, qui nous sera donnée à entendre. L'ambiguïté du signifiant *surface* qui s'est dégagée au long de ces lignes est totalement illustrée par le traitement de ce thème : tantôt superficie (par la densification de son épaisseur) ou tantôt partie extérieure d'un corps, limite.

Exemple 5

Cette émergence est ensuite suivie (8 mesures avant la fin) par le retour du thème structural dans sa version initiale[18].

Exemple 6

Nous sommes du point de vue du trajet thématique revenus à notre point de départ. Ce trajet constitue littéralement la projection du simultané dans le successif. Mais comme je l'ai dit tout à l'heure on est loin ici de l'esprit du renversable contrapuntique, à mon sens parce que, Debussy réussit à gommer toute perception de ce qui serait l'équivalent du franchissement d'un bord, d'une limite, qui donnerait une sensation de simple retournement. En premier lieu par le caractère progressif du processus et le déphasage de ses étapes. Ensuite et surtout, parce qu'il donne à entendre ce qui serait ce point où l'horizon toujours recule : le point de torsion. Un point où au lieu d'atteindre une limite c'est une nouvelle superficie qui s'offre à nous. Rappelons-nous les propos de Jeanne Granon-Lafont :

---

18 Si ce n'est le travail de prolongation en écho, à visée cadentielle, de la fin de la phrase. Inversion de l'anaphore.

« l'horizon, le point où la bande se retourne, amorce sa torsion, toujours par rapport à son environnement immédiat, est perçu comme profondeur. Or cette profondeur a comme mesure le temps que la fourmi va mettre pour rejoindre le point de torsion, et elle ne l'atteindra jamais puisque lorsqu'elle y sera arrivée, un autre horizon se présentera toujours comme troisième dimension, comme profondeur ».

Si l'on observe les mesures 15 et suivantes :

Exemple 7

il me semble que quelque chose qui relève de ce point de torsion est perceptible : les deux versions, les deux figures du thème (structural et dérivé) se superposent dans un registre proche, elles se rejoignent sur un unisson *lab-do* (véritable difficulté pianistique). C'est le lieu où se révèle leur équivalence. Tout comme le carré est égal au cercle, thème structural et thème dérivé sont équivalents. Dans ces mesures ils vont se mêler, fusionner, s'entrelacer, émerger l'un de l'autre.

La duplication de chacune de leur tête est exactement superposée, et, à l'articulation des mesures 17-18, le thème dérivé est en fait poursuivi à la main droite. Cela donne du sens au surgissement de cet élément contrastant dont il a été question plus haut. Il condense[19] ainsi deux fonctions, nouvelle figure motivique produite par l'énonciation du motif structural par mouvement rétrograde, continuation du thème dérivé. Cette continuation du thème en main droite est confirmée par la triplication de la tête[20], mesures 18-19, en lieu et place de la continuation qui aurait dû s'y trouver. Si l'on ne considérait pas cette continuation en main droite cela aurait pour conséquence de considérer le thème dérivé comme inachevé, écourté.

Alors que l'on pourrait penser que le dessous a affleuré en surface, un nouvel horizon est aperçu[21]. Une sorte de flottement est ménagé mesures 19-20 : cette zone de voisinage et simultanément de continuité y est maintenue. En effet si l'on observe les tierces graves du thème dérivé[22], le relais est assuré par la tierce *do-mi* (à l'octave supérieure) dont nous avons vu qu'elle constituait précisément la zone commune entre les deux parties de l'échelle[23]. Simultanément les accords de quinte augmentée (mesure 19) contractent (condensent) en trois accords le matériau « mélodique » de trois mesures (18 à 20).

Les dimensions de cet exposé ne nous permettent pas de voir le déroulement complet de la pièce, alors nous irons directement à la troisième section qui bouscule l'univers sonore et simultanément continue, voire résume, le processus engagé[24].

---

19 Au sens freudien.
20 En main gauche.
21 Il conduira à la seconde section.
22 En main gauche.
23 Parties différenciées simplement par les notes *lab-sib* pour la face inférieure, et *fa#-sol#* pour la supérieure, sachant que *lab* et *sol#* sont homonymes.
24 En peu de mots il est possible de dire que la seconde section joue également sur le principe de la projection d'un axe sur l'autre. Les tierces parallèles se déploient maintenant horizontalement à la main droite ; la gamme par tons déroulée en main gauche, elle aussi déploie le simultané dans le successif du

Seules six mesures réalisent ce qui peut être considéré comme une modulation, ce par l'introduction d'une nouvelle échelle : l'échelle pentatonique. Trois sons restent communs aux échelles précédentes et deux ont été inouïs jusque là : *réb*, *mib*. Cette section abandonne momentanément les thèmes, logiquement dirai-je, puisque la nouvelle modalité les prive de leur matériau scalaire essentiel *(do, ré, mi)*. Mais son importance structurelle est suggérée par la poursuite de la traversée des registres cette fois sous forme de gammes pentatoniques. Cependant le processus reste le même : réitération d'octave en octave, densité croissante, le tout soutenu de surcroît par des pics d'intensités *(mf, crescendo,* et *forte)* qu'on ne trouve nulle par ailleurs dans le prélude, le reste de la pièce oscillant entre *p* et *pp*.

Ces quelques mesures d'apparence contrastantes introduisent la dernière section par une oscillation harmonique inouïe elle aussi jusque là. Elle s'installe d'abord sous une forme linéaire, à nouveau en gammes par tons. Mais le matériel à partir duquel le balancement est élaboré a déjà longuement été entendu : -la première mesure par son orthographe se rapporte à la face supérieure du motif, la seconde à sa face inférieure.

---

fait de l'orthographe qui donne un premier tétracorde en dièses et le second en bémols. Le thème dérivé continue son trajet ascendant par l'adjonction d'une octave à son épaisseur précédente.

Exemple 8

Ce balancement vient accompagner, je dirais même harmoniser, et ce pour la première fois, le thème dérivé, maintenant arrivé au terme de son voyage dans la région aiguë comme nous l'avons vu. S'il était encore besoin de démontrer que l'enjeu formel de la pièce n'est pas à rapporter à la technique du renversable, ce qui apparaît avec l'introduction du balancement harmonique est que, sous ce dessous, arrivé maintenant en surface, se trouve un autre niveau inférieur, qui n'est pas inconnu, mais qui n'est pas non plus le dessus passé tel quel dessous.

Ce balancement ébauché linéairement, ou plutôt diagonalement, prend ensuite une forme réellement harmonique. Là encore les axes sont fusionnés : si l'on considère les accords de main gauche dans la première mesure de l'exemple 11, on constate que le premier accord fait entendre verticalement la partie centrale horizontale des trois accords (*fa#, sib, do*), le second fait entendre la partie supérieure et le dernier la partie inférieure. Le processus est identique dans la mesure suivante. Cette dimension harmonique accompagne également le retour du thème structural lors de son énonciation finale. Tout en étant égal à lui-même, il est totalement transformé par le halo harmonique dont il est enveloppé (au-dessous et au-dessus). Rappelons-nous qu'il était présenté totalement à découvert au début du prélude. Cependant, la place de cet accompagnement n'était-elle pas déjà implicitement présente ? Marquée par le soupir sur lequel débute le prélude. Si cette place n'était pas déjà là, indiquée, pourquoi alors ne pas avoir écrit simplement la première mesure du prélude sous forme d'anacrouse ?

Espace moebien ?

Tout en étant bien dessiné pas sa claire stratification ou ses sections bien découpées, ce prélude opère cependant un brouillage des coordonnées spatiales. Il s'ouvre sur une prise de possession progressive de la dimension des hauteurs, d'abord par ses extrêmes[25], puis par le médium. C'est l'écriture, le lien entre figuration thématique et organisation de l'échelle, le traitement du matériau, qui va opérer le brouillage, la fusion, le bouleversement de ce qui pourtant a été si bien posé dans la première section. Les registres resteront par ailleurs constamment occupés : le *sib* pédale, constitue littéralement comme métaphoriquement, le poids de gravité de l'espace sonore. Ainsi la profondeur verticale est constamment maintenue par sa base si l'on peut dire. Mais si l'on continue de penser l'espace musical sur deux axes, il me semble que l'imaginaire reste bloqué. Alors je fais l'hypothèse qu'en fait le *sib* constitue le bord du ruban de Moebius. Il n'en est plus la base mais l'élément permanent et infranchi. Ainsi la verticalité continue bien d'exister, localement, sous les pattes de la fourmi il y a bien un dessous et deux bords. Cependant l'espace durant l'intégralité du voyage aura été désorienté. La profondeur s'est faite surface jusqu'à même devenir limite. La malléabilité du matériau contribue à cette désorientation, les thèmes apparemment contrastés sont équivalents au sens topologique du terme.

---

25 Les bords ?

La face et le bord uniques du ruban de Möbius que seul un voyage sur son cours permet d'expérimenter, m'ont permis de questionner les codes de représentation du musical. Au cours de notre démarche ce n'est pas seulement la catégorie de profondeur mais aussi celle de surface qui s'est trouvée contestée dans son acception habituelle. Comment les représenter et peut-être surtout comment se les représenter ? La conquête de l'espace sonore dans toute sa diversité (pour le dire vite) est un véritable enjeu de la musique des XXe et XXIe siècle[26]. Une partie de notre entreprise analytique est de penser, de conceptualiser cette conquête. Les objets topologiques m'apparaissent comme des outils propres à favoriser l'imaginarisation de ces problématiques. Il manque indubitablement au ruban de Möbius au moins une dimension pour continuer cette entreprise : l'épaisseur, le volume. L'exploration n'en est ainsi qu'à son commencement. Cet espace si difficile à penser, la musique nous le donne pourtant à percevoir et Debussy on l'a vu, voulait d'ores et déjà en troubler les repères comme il le revendiquait auprès d'Ernest Guiraud son professeur de composition :

> « Il faut user copieusement de l'enharmonie, mais aussi distinguer un sol bémol d'un fa dièse... La musique n'est ni majeure, ni mineure... c'est un compromis entre tierces majeures et tierces mineures : du coup les modulations réputées les plus lointaines deviennent simples... Avec les vingt-quatre demi-tons tons contenus dans l'octave, on a toujours à sa disposition des accords ambigus, qui appartiennent à trente-six tons à la fois. A plus forte raison dispose-t-on d'accords incomplets, d'intervalles indéterminés, encore plus flottants. De sorte que, en noyant le ton, on peut toujours sans tortuosités, aboutir où l'on veut, sortir et rentrer par telle porte qu'on préfère »[27].

---

26 Scelsi et le son sphérique par exemple.
27 Jean BARRAQUÉ, *Debussy*, Paris, Éditions du Seuil, 1962, p. 132-133.

Le silence figural dans le *Second Quatuor à cordes* de Brian Ferneyhough

Léo Larbi

« L'objet de cette pièce est le silence » : c'est avec cette phrase quelque peu laconique que Brian Ferneyhough ouvre la note de programme qu'il consacre à son *Second Quatuor à cordes* (1980). Cette affirmation, si elle est lue après avoir entendu l'œuvre, sonne comme un profond paradoxe. Ce n'est sans doute pas le silence qui marque l'auditeur de ce quatuor, en tout cas pas le silence tel qu'on peut en faire l'expérience habituellement, mais plutôt d'impérieuses et pressantes forces sonores. Bien sûr, comme le précise le compositeur après cette première proposition, même si le silence est bien présent sous la forme immédiatement reconnaissable de l'abolition du son, c'est vers un silence moins évident que Ferneyhough fait tendre son œuvre :

> L'objet de cette pièce est le silence – non pas un silence littéral (bien que cela aussi soit un aspect évident de la section d'ouverture) mais plutôt une *absence* intentionnelle au centre de l'expérience musicale, qui existe dans le but, pour l'auditeur, de se rencontrer lui-même.[1]

Précisons que si l'on peut parler d'un premier type de silence « littéral », le deuxième type, celui que Ferneyhough nomme *absence*, n'est pas pour autant métaphorique. Dans cet article, nous nous proposons de mettre en lumière certaines stratégies adoptées par le compositeur pour rendre audible ce silence singulier, cette

---

[1] Brian FERNEYHOUGH, *Collected Writings*, Edinbourg, Harwood Academic, 1998, p. 117 : « This piece is about silence – not so much literal silence (although this, too, is an obvious feature of the opening section) but rather that deliberate *absence* at the center of musical experience which exists in order that the listening subject may encounter itself there. » Toutes les citations extraites de cet ouvrage sont traduites par l'auteur du présent article.

absence. Précisons dès à présent qu'il ne s'agira pas pour nous d'entreprendre une démarche génétique qui irait sonder le *pourquoi* de l'œuvre en en rendant intelligibles les structures sous-jacentes. En opérant ainsi, nous irions justement à l'encontre du projet même du compositeur dont le but, comme il le précise :

> Etait d'essayer de dépasser le fait trop évident (mais qui n'en a pas moins une influence déstabilisante) [que chaque perception tire une partie de sa signification, sa saveur particulière, du réseau expérientiel dont il est une part indissoluble] *en séparant, le plus possible, les aspects de l'organisation des aspects de la présentation.*[2]

La première stratégie qu'emploie Ferneyhough repose donc sur un point qui rend hautement périlleux le travail de l'analyste ; en reprenant les vocables aristotéliciens, nous pourrions dire qu'en cette œuvre, le compositeur cherche à disjoindre la cause *matérielle* de la cause ou *formelle* ou *finale*[3] :

> Le *Second Quatuor à cordes* cherche, consciemment, à dissimuler ses méthodes génératives sous des couches successives de gestes relativement directs et évocateurs, dans le but de détourner l'oreille de ce cadre structurel en lui permettant, simultanément, de se fondre dans des dimensions plus profondes, d'une manière moins palpable mais possiblement plus diffuse.[4]

---

2 *Ibid.*, p. 118 : « Was to attempt to bypass this over-obvious (but nonetheless disturbingly influential) fact [that each perception draws part of its significance, its particular flavor, from the web of experience of which it forms an indissoluble part] *by separating, as far as possible, aspects of organization from those of presentation.* » Nous soulignons.
3 Sur la distinction des quatre causes dans la Métaphysique aristotélicienne, cf. Aristote. *Métaphysique*, Δ 2 ; pour se limiter à l'édition de référence, traduite et annotée par Jules Tricot, aux éditions Vrin : ARISTOTE, *La métaphysique*, traduit par Jules TRICOT, Paris, J. Vrin, coll. « Bibliothèque des textes philosophiques », 1991, p. 161-165.
4 Brian FERNEYHOUGH, *Collected Writings, op. cit.*, p. 118 : « The *Second Quartet* consciously sets out to conceal its generational methodology under successive layers of relatively straightforwardly evocative gesture intended to divert the ear away from this structural framework concurrently

L'auditeur du *Second Quatuor à cordes* fait l'expérience d'un double mouvement : un mouvement de surface (présentation), fait des saillances des textures, des gestes et de leurs interrelations et un mouvement (organisation) si ce n'est plus profond, en tout cas « moins palpable », imprégnant subtilement l'écoute. C'est entre ces deux niveaux que demeure l'absence dont parle Ferneyhough. Il s'agira dans cet article de rentre intelligible ce silence singulier, cette *absence*, en convoquant deux catégories développées et approfondies par Ferneyhough lui-même : celle de *geste* et celle de *figural*. Nous tâcherons de montrer que ces catégories, fondamentales pour le compositeur, rendent possible l'articulation complexe de la présentation et de l'organisation en une forme cohérente et expressive.

I. *Geste*

1. *Polyphonie paramétrique*

Ferneyhough définit le geste comme la cristallisation de plusieurs strates paramétriques. Ainsi, une grande partie des processus menant à la composition de gestes prennent chez lui la forme d'une séquence d'opérations de sélections à travers des grilles, des filtres, des « tamis », en un mot à travers un réseau de contraintes agissant sur des paramètres. Ces derniers ne se limitent aucunement à ceux que l'on attribue habituellement au son musical (hauteur, durée, timbre et intensité) :

> Personnellement, je peux considérer comme une variable paramétrique ce qui a) peut être quantifié avec une consistance suffisante pour permettre une modulation progressive et b) ce qui est une composante suffisamment claire de sa gestalt originale pour assurer sa perception adéquate dans des contextes ultérieurs.[5]

---

with allowing this latter to 'shade-in' further dimensions in a less palpable, but possibly more all-pervasive manner. »

Pour Ferneyhough il est primordial que le geste, en tant que cristallisation de strates paramétriques, soit la manifestation perceptible de ce qui l'a rendu possible. En d'autres termes, Ferneyhough cherche à éviter d'instaurer une distance irréductible entre la combinatoire et son résultat. Pour ce faire, il use de deux moyens.

Premier moyen : les strates paramétriques dont le geste est la concrétion doivent être mobiles. Afin de bien comprendre ce premier élément, nous pouvons filer l'analogie proposée par le compositeur qui évoque l'idée de « polyphonie paramétrique »[6] : la surface audible du geste (sa gestalt) est aux strates paramétriques ce que l'harmonie est à la polyphonie. En effet, s'il y a bien une ressemblance entre l'harmonie et le geste, celle-là dans son rapport à la polyphonie et celui-ci dans son rapport aux strates paramétriques, c'est que si l'un comme l'autre peuvent se manifester en tant qu'événement musical isolé, clairement délimité, reste qu'ils ne sauraient être séparés d'une activité diachronique sous-jacente. Aussi, l'aspect immédiatement identifiable du geste ne doit jamais prendre l'ascendant sur les flux paramétriques qui le constituent et qu'il rend audibles par sa saillance, mais doit, au contraire, agir comme activateur relationnel, comme condensateur et moteur d'une énergie expressive prête à se déployer vers d'autres gestes et textures. Nous pouvons pousser plus loin la métaphore. En effet, dans le rapport entre harmonie et polyphonie, l'accord en tant qu'élément reconnaissable, en tant qu'unité synchronique, peut également avoir, en retour, une incidence considérable sur le déploiement polyphonique à venir : là où la polyphonie peut être in-

---

5   *Ibid.*, p. 387 : « I myself treat anything as a parametric variable that (a) can be quantified sufficiently consistently as to permit stepwise modulation and (b) is a clear enough component of its parent gestalt to ensure its adequate perception in later contexts. » Sur cette notion de « polyphonie paramétrique» et, plus généralement, sur l'œuvre de Brian Ferneyhough, signalons la première monographie, en langue anglaise, consacrée au compositeur : Lois FITCH, *Brian Ferneyhough*, Bristol, Intellect, coll. « Critical guides to contemporary composers », 2013, p. 65-77.
6   Brian FERNEYHOUGH, *Collected Writings, op. cit.*, p. 387.

fluencée, réorientée voire ponctuellement suspendue au profit de la dimension verticale, les strates paramétriques peuvent être redéterminées à l'aune du geste et de ses qualités d'objet. Par conséquent, si le geste ne doit pas prendre l'ascendant sur les flux paramétriques dont il est une fixation temporaire, il n'en demeure pas moins que ses propres caractéristiques, ses propres qualités expressives ont une action en retour sur ses constituants paramétriques mouvants.

Deuxième moyen : il s'agit pour Ferneyhough de prendre pour point de départ de la composition des événements musicaux entièrement composés et d'en déduire des trajectoires paramétriques. C'est, en somme, l'inversion de la combinatoire sérielle : non plus constituer un objet en manipulant abstraitement des coordonnées paramétriques mais partir de l'objet lui-même et le décomposer en strates dynamiques. Notons que ce deuxième moyen, bien qu'assez général dans la pratique du compositeur, trouve un exemple caractéristique dans le *Second Quatuor à cordes*. En effet, dans cette œuvre, ce qui sert de matrice compositionnelle initiale à Ferneyhough est une page d'esquisse entièrement composée provenant de travaux préparatoires pour une autre œuvre (qui, elle, ne sera jamais achevée). Ces deux mesures d'esquisses[7] ne sont pas entendues comme telles dans le *Second Quatuor* mais servent au compositeur de « répertoire » de gestes déjà composés dont il s'agira de retrouver, quitte à les réinventer complètement, les manipulations paramétriques qui en sont, ou qui *pourraient en être* la cause. Selon le compositeur, cette manière de procéder ouvre des possibilités expressives singulières :

> Alors que, dans mes premières œuvres, les événements sonores étaient la résultante d'une modulation paramétrique indépendante, j'ai concentré mes récents efforts précisément sur le contraire, c'est-à-dire sur la définition et le déploiement de qualités sonores en polyphonies linéaires, telles qu'il en

---

7 On trouvera une reproduction de ces deux mesures d'esquisse dans un article d'Alessandro Melchiorre : Alessandro MELCHIORRE, « Les labyrinthes de Ferneyhough », *Entretemps*, 1987, n° 3, p. 71.

émerge des événements entièrement composés. Cette pratique donne l'avantage de pouvoir exploiter l'ambiguïté inhérente à la dichotomie objet/effet ; les lignes de forces paramétriques peuvent être clairement perçues comme contaminant, endommageant, ou reconstituant ce qui les charrie initialement.[8]

    Ces deux moyens permettent à Ferneyhough de faire des gestes l'écho de l'organisation paramétrique qui les constituent. Pour le compositeur, il s'agit bien là d'une nécessité pour éviter le manque d'articulation et l'indifférenciation qu'il décèle, par exemple, dans le sérialisme généralisé. Cependant, cette volonté ne va-t-elle pas à l'encontre d'un des projets même du *Second Quatuor à cordes* qui était, rappelons-le, de séparer le plus possible l' « organisation » et la « présentation » du discours musical ? Vouloir faire du geste la présentation, sous la forme d'une « force gelée », sous la forme d'une concrétion temporaire, à la surface du discours, des strates paramétriques qui l'ont rendu possible, ne revient-il pas à rechercher l'adéquation entre *procédures* d'engendrement et leurs *résultats* ? Cela n'est-il pas contradictoire avec le désir de séparer ces deux éléments pour faire surgir ce silence moins littéral dont l'œuvre est censée traiter ? En fait, ces contradictions ne se maintiennent que si l'on considère le geste comme une entité fixe. Or, justement, ce que Ferneyhough veut faire entendre ce n'est pas la fixité des gestes mais bien leurs transformations intrinsèques : le geste n'est pas immuable mais n'est conçu que pour en bousculer l'apparente et temporaire stabilité. Aussi, s'il est possible de faire entendre un silence structurel localisé entre l' « organisation » et la « présentation » ce n'est pas à travers la séparation irrévocable de ces deux aspects du discours musical mais plutôt par la modulation

---

8 Brian FERNEYHOUGH, *Collected Writings*, *op. cit.*, p. 387 : « Whereas, in earlier pieces, the sonic events were resultants of independent parametric modulation, my more recent efforts have been concentrated on precisely the opposite, i.e. the definition and deployment of linear-polyphonic sound-qualities such as initially arise from fully composed-out events. This has the advantage of being able to exploit the ambiguity inherent in the objet/effect dichotomy; parametric lines of force can be clearly perceived as infecting, damaging, or reconstituting their carrier vehicles. »

(continue ou discontinue) de leur distance effective. Ainsi, les gestes dans le *Second Quatuor à cordes* se constituent précisément entre ces deux pôles extrêmes que sont d'une part l'ostension claire et univoque des éléments qui les sous-tendent et, à l'opposé, leur objectivation totale où ils ne présentent, telles des monades isolées, que leur enveloppe opaque. Aussi, pour Ferneyhough, si le geste doit bien se faire l'écho de l'organisation sous-jacente, cet écho doit être variable et modulable dans le temps. Ce n'est qu'à cette condition que le geste peut devenir un puissant outil d'articulation formelle.

2. Le cas paradigmatique de l'Introduction

Cette conception singulière du geste trouve, dans l'*Introduction* du *Second Quatuor* un exemple représentatif. Les gestes y sont isolés par de longs silences « littéraux ». Mais cet isolement est progressivement (et de manière discontinue) remis en question par un processus de micro-variations. Le premier aspect de ce processus est réalisé au niveau des timbres par un procédé relativement simple d'accumulation : l'œuvre s'ouvre sur un solo du premier violon (mesures 1 à 13) auquel vient s'adjoindre, en parfaite homorythmie, le second violon (mesure 15), puis l'alto (mesure 28) et enfin le violoncelle (mesure 42). Un deuxième aspect de ce processus se manifeste au niveau des durées, des hauteurs et des intensités : des micro-variations rythmiques viennent perturber la parfaite ou quasi parfaite homorythmie ; de plus, même dans les passages strictement homorythmiques, jamais les instruments ne jouent les même hauteurs ; les intensités ne sont pas réparties de manière homogène entre les instruments et tendent à souligner une voix plutôt qu'une autre ; enfin, même dans un contexte homorythmique, certains traits gestuels caractéristiques (harmoniques, trilles, accentuation, *glissando*) sont ponctuellement attribués à l'un ou l'autre des instruments (mesures 23, 24 et 27, par exemple). Dans cette partie, le quatuor oscille ainsi entre des phases de stricte homorythmie et des phases de densification de la texture où des gestes différents se superposent et s'échangent. Voici un exemple de ces processus de différenciations.

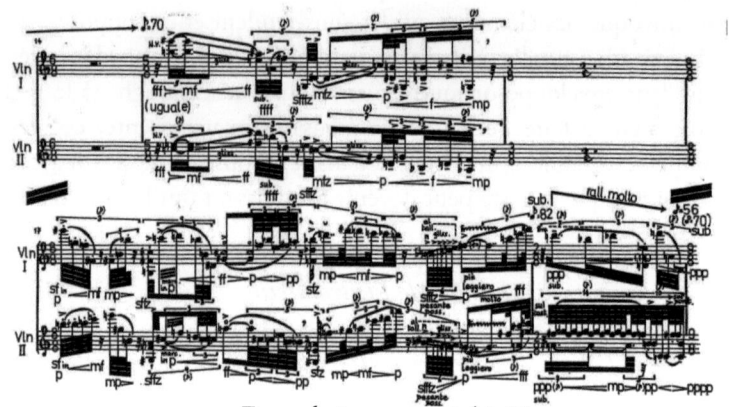

Exemple 1: mesures 14 à 18

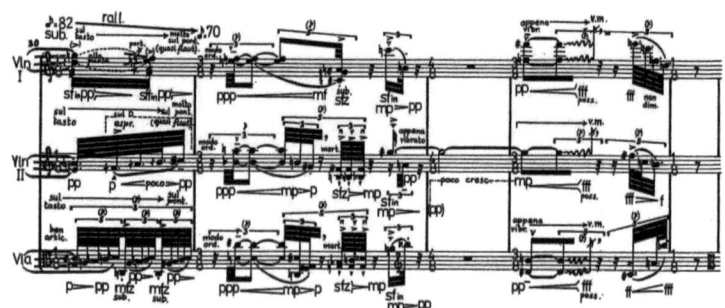

Exemple 2: mesures 30 à 34

Lors de l'entrée du deuxième violon mesure 15, indiquée *uguale* par Ferneyhough, les deux instruments sont en parfaite homorythmie, partagent les même intensités et dynamiques et ne diffèrent que par les hauteurs. Cette égalité se poursuit à la mesure 17 où encore une fois, les deux instruments ne se différencient que par leurs trajectoires mélodiques réalisées en mouvements contraires. Mesure 18, l'homorythmie cesse brutalement mais la discontinuité est largement apaisée par la nuance triple *piano* qui ouvre la mesure. Près de 15 mesures après (mesure 30), l'alto marque son entrée en se différenciant des deux violons par l'intensité, les dynamiques, les hauteurs et les durées. Cependant, dès la mesure suivante (mesure 31), l'égalité homorythmique et de nuances est reprise par les trois instruments et ne diffèrent que très légèrement en fin de mesure. A la mesure suivante (mesure 32), le deuxième violon entame une longue tenue laissant silencieux les deux autres instruments qui ne reviendront que timidement au début de la mesure suivante (mesure 33). Celle-ci présente un retour de la stricte homorythmie sauf sur le dernier temps.

Cette section d'ouverture du *Second Quatuor* à cordes est une manifestation claire de la tension inhérente au geste, tiraillé entre deux pôles : d'une part son caractère d'objet isolé, de monade, et de l'autre sa nécessité à établir des relations avec d'autres gestes, en constituant et en intégrant un contexte gestuel plus étendu. Mais il nous faut alors préciser que ces deux pôles sont, pour Ferneyhough, la conséquence soit d'un degré extrême de transparence soit, à l'opposé, d'un degré extrême d'opacité entre la combinatoire et son résultat. En effet, une combinatoire irréductiblement séparée de son résultat produira des gestes incapables de se maintenir en tant qu'isolat et rendra audibles des événements sonores décontextualisés, insuffisants pour constituer une trame gestuelle évolutive. A l'inverse, une combinatoire pleinement transparente à ses effets entraînera un isolement monadique du geste rendant impossible sa mise en relation véritable avec d'autres gestes, si ce n'est la simple juxtaposition de gestes isolés, plus ou moins contrastés. Ces deux cas extrêmes se retrouvent dans le *Second Quatuor* dans sa totalité et sous forme condensée dans son *Introduction*. Cette dernière dessine une courbe formelle qui s'ouvre sur un isolement total des gestes (pleine transparence de la combinatoire et de son résultat réalisée par une simple extraction de gestes à partir des deux mesures d'esquisses demeurant silencieuses) pour aboutir, au début de la deuxième section, à une véritable implosion de la texture sonore où les gestes, pris dans des denses et mobiles réseaux de contraintes paramétriques, se diffusent, apparaissent ou disparaissent avec une vitesse considérable, ne se maintenant jamais à la surface sonore plus d'une fraction de seconde.

II. Figural

1. Le figural comme devenir des gestes

Comme celle de geste, la catégorie de figural a été théorisée par Ferneyhough. Voici une des définitions, en relation avec celle de geste, qu'il en donne :

> Ce qui distingue la voie figurale de construction et d'observation d'un geste de la part « gestuelle » du geste est que dans le premier cas, il y a une tentative pour réaliser la totalité du geste en intégrant sa possible déconstruction en tendances paramétriques. C'est-à-dire, on ne cherche plus, ni à créer un geste via la coïncidence systématique d'unités ou quantités paramétriques abstraites, ni à construire un geste qui soit une qualité affective pour ensuite placer ces totalités les unes à côté des autres.[9]

Nous comprenons avec cette citation qu'il est difficile de parler de *figure* de la même manière que nous avons pu parler de *geste* : celle-là ne semble pas recouvrir un même type de réalité que celui-ci[10]. S'il est plus pertinent de parler de figural c'est qu'il s'agit bien, non seulement d'un aspect du geste, mais également d'une activité compositionnelle singulière dont le geste et son déploiement

---

9 *Ibid.*, p. 285 : « The thing which distinguishes the figural way of constructing or observing a gesture from the 'gestural' part of the gesture is that one is attempting to realize the totality of the gesture in terms of its possible deconstruction into parametric tendencies. That is, no longer does one attempt to create a gesture via the automatic coming together of abstract parametric units or quantities, nor does one try to build a gesture as an effective quality, and place these totalities against one another. »
10 Sur les catégories de geste et de figure et, plus généralement, sur l'œuvre de Brian Ferneyhough, signalons la première monographie, en langue française, consacrée au compositeur : Francis COURTOT, *Brian Ferneyhough, figures et dialogues*, Paris, l'Harmattan, coll. « Univers musical », 2013, p. 63-93.

portent la trace. Pour Ferneyhough, le geste est la cristallisation temporaire de strates paramétriques. Il nomme figural le redéploiement, en d'autres contextes, sous d'autres modalités, de ces strates paramétriques afin de constituer des gestes différents. De plus, il ajoute que les strates paramétriques trouvent leur « raison d'être » précisément dans leur concrétion gestuelle. Apparaît ici le risque d'un raisonnement circulaire, et Ferneyhough en est bien conscient : l'existence et l'identité du geste sont dépendantes du déploiement figural, mais le déploiement figural lui-même n'existe que rapporté aux gestes qu'il rend possible. On peut dès lors comprendre pourquoi le figural est fondamentalement une stratégie poïétique, une manière de penser et de mettre en pratique la composition : si l'interdépendance de la notion de geste et de la notion de figural peut apparaître, dans un premier temps, comme tautologique, c'est que le figural est moins une détermination du matériau qu'une attitude compositionnelle par laquelle Ferneyhough observe, analyse et traite le geste comme l'articulation complexe d'une *mémoire* des contraintes dont il est l'empreinte et l'*ouverture* des redéploiements paramétriques qu'il initie.

Dans une première acception, nous pouvons donc dire du figural qu'il est la marque d'un geste qui toujours tend à s'échapper, à se dissoudre, à devenir autre. Pour autant, le figural n'est pas que l'empreinte négative du geste ni le résidu d'une fuite gestuelle. A la limite c'est le geste lui-même qui pourrait être pensé comme le négatif du figural ou, du moins, sa limitation : c'est le geste qui, en tant qu'apparent isolat, est une privation de sa propre puissance expressive figurale. Car, comme le note le compositeur :

> L'expression est-elle après tout autre chose qu'une sorte de passage d'un état à un autre, dans lequel ce n'est ni le point de départ ni le point d'arrivée présumés qui sont premiers, mais plutôt le « déjà plus » et le « pas encore » dont ils portent l'*impressum*.[11]

---

11 Brian FERNEYHOUGH, *Collected Writings*, *op. cit.*, p. 35 : « What, after all, is 'expression' but a sort of passage from one state to another, in which neither the presumptive beginning and end points are primary, but rather

Ainsi, une des caractéristique fondamentale du figural ferneyhien est de composer et d'organiser les gestes en fonction de leur *devenir* :

> Les éléments ne font pas simplement qu'apparaître, ils émergent empreints de leur histoire – non seulement cette omniprésente mais vague ombre du passé, mais aussi, plus significativement, leur propre « autobiographie », les cicatrices de leur propre maturation.[12]

Si nous devons bien parler du figural comme devenir des gestes et, en retour, des gestes comme les *phases* de ce devenir, c'est qu'il nous faut comprendre que Ferneyhough les compose et les pense non seulement en fonction de leur « histoire » ou de leur « biographie » mais également dans leur ouverture vers ce qu'ils ne sont pas encore, vers leur futur :

> La figure délivre des cadres perceptuels provisoires – des mises en scène – capable de projeter d'hypothétiques catégories évolutives particulières vers le futur du discours en-attente-d'être-perçu. Dans une certaine mesure, on reconnaît et localise la nature de tels cadres tout en expérimentant, au niveau physique, le déclin et la dissipation d'un ou plusieurs cadres antérieurs, par où le recouvrement partiel ou la fusion l'une dans l'autre de séries indéterminées d'états antérieurs parviennent à fournir une orientation évolutive des perspectives, orientation conséquente quoique nécessairement fluide.[13]

---

the 'no longer' and 'not yet' whose *impressum* they bear. »

12 *Ibid.*, p. 25 : « Elements do not simply appear, they emerge imbued with history – not only that ubiquitous but vague shadow of the past, but also, more significantly, their very own 'autobiography', the scars of their own growth. »

13 *Ibid.* : « The figure delivers momentary perceptual frames – stage sets – capable of projecting particular hypothetical evolutional categories into the still-to-be perceived future of the discourse. To some extent, we recognize and locate the nature of such a frame while still physically living-through the decay and dissipation of one or more anterior frames, whereby the partial superincumbence or 'cross fading' of an indeterminate series of prior states comes to provide a significant, albeit necessary fluid

Ce premier moment dans la définition du figural nous semble ici nécessiter un éclaircissement. Parler du figural comme le devenir des gestes, comme le déploiement de leurs qualités expressives ne nous ramène-t-il pas à une caractéristique fondamentale du *thème* ou, plus exactement, de la *variation* ? En fait, au moins deux différences distinguent ces deux catégories[14]. La première, assez évidente à l'écoute, c'est que dans le figural, la fugacité et l'entrelacement des devenirs gestuels sont tels que, s'ils n'empêchent pas l'identification et la détermination des événements musicaux, ils les rendent pour autant trop instables pour introduire un véritable thématisme où les éléments se doivent de perdurer pour prolonger et varier l'idée thématique. De plus, si le geste et le thème ne semblent bien exister que rapportés à ce qu'ils *deviennent* dans l'œuvre (les variations et les développements du thème, les déploiements figuraux du geste) une différence fondamentale demeure entre ces deux notions. Chez Ferneyhough, dans une très grande majorité des cas, le figural est signe d'une *déformation* des gestes, de leur *détérioration*. Les vocables négatifs qualifiant le travail du figural ne manquent pas sous la plume du compositeur : dissolution, dissipation, déconstruction, dématérialisation... Aussi, bien qu'un certain nombre de contre exemples (tant du côté du traitement figural que du traitement thématique) pourraient nuancer notre propos, il semble bien qu'une différence réside ici entre les deux notions. Ainsi, ce qui distingue fortement le figural ferneyhien du thématisme c'est bien la volonté, non plus de faire perdurer l'idée thématique, mais de la faire *disparaître*, de rendre audible sa disparition plus ou moins progressive. Pour autant, ce travail négatif du figural sur les gestes possède en droit sa positivité. Comme le note le compositeur :

---

and evolutionary perspectival orientation. »
14 Sur la distinction du figural et du thématisme, cf. Francis COURTOT, *Brian Ferneyhough, figures et dialogues*, op. cit., p. 85-86.

> A première vue, il est question de l'emploi conscient de catégories perceptuelles eu égard à l'« au-delà » du geste, dans la mesure où c'est au moment de sa dissolution que la préformation comprimée du matériau gestuel est capable d'être libérée en énergie formelle.[15]

Pour Ferneyhough, c'est là un aspect crucial du figural : l'action négative du figural (en cela qu'elle ôte au geste plus qu'elle ne lui ajoute), a pour conséquence et pour but la libération d'une énergie formelle. Le figural ne relève donc pas d'une thématique mais plutôt d'une *énergétique*.

2. Le figural comme énergétique

Dans la musique de Ferneyhough, les gestes tendent toujours à se dissoudre. C'est ce qui caractérise l'aspect négatif de leur devenir. Mais ce devenir possède sa positivité propre : la libération d'énergie formelle, énergie qui permet au discours de perdurer, de renouveler sa trajectoire, d'être dynamisé et orienté dans une direction encore imprévisible. Ce n'est qu'au prix de leur déformation, de leur dissolution que les gestes peuvent rendre audible l'énergie qu'ils maintiennent sous pression. Ainsi, l'énergie « contenue » dans les gestes peut être dite potentielle car elle nécessite pour se structurer, c'est-à-dire pour s'actualiser en énergie effective dans des rapports entre gestes, une transformation de ces derniers. Pourquoi Ferneyhough parle-t-il du geste parfois comme la cristallisation de strates paramétriques et parfois comme véhicule d'une énergie potentielle ? Doit-on en déduire que les strates paramétriques et l'énergie sont la même chose ? Pas tout à fait. En revanche, les strates paramétriques sont bien source d'énergie potentielle en cela qu'elles appartiennent à des dimensions hétérogènes de la matière musicale. Ferneyhough ne cherche pas,

---

15 Brian FERNEYHOUGH, *Collected Writings, op. cit.*, p. 26 : « It is a question, in a first instance, of the conscious employment of perceptual categories in respect of the 'afterlife' of a gesture, since it is here, at the moment of dissolution, that the constrictive preforming of gestural material is able to be released as formal energy. »

contrairement au sérialisme généralisé, à homogénéiser les paramètres musicaux (paramètres « traditionnels » ou non), à les subsumer et à les organiser en un même principe, mais les saisit en tant que vecteurs incompatibles. Cette incompatibilité les force à n'exister qu'en se déphasant les uns par rapport aux autres[16]. Non pas seulement que le compositeur les organise en des cycles asynchroniques mais aussi et surtout qu'ils demeurent entre les strates paramétriques une différence de nature qui les maintient dans une relation d'exclusion mutuelle, constitutive d'énergie potentielle. De plus, la nature même de ces strates n'est pas homogène : les paramètres qui les composent sont autant de quanta discrets d'énergie.

2.a. Deux exemples de l'énergétique figurale

Pour comprendre cette dimension énergétique du figural, arrêtons-nous sur deux exemples représentatifs. Intéressons-nous tout d'abord aux mesures 47 à 54.

---

16 Sur la notion d'énergie potentielle et d'individuation par déphasage, cf. Gilbert SIMONDON, *L'individuation à la lumière des notions de forme et d'information*, Grenoble, Millon, coll. « Krisis », 2005, vol. 1, p. 25-31 et 67-77.

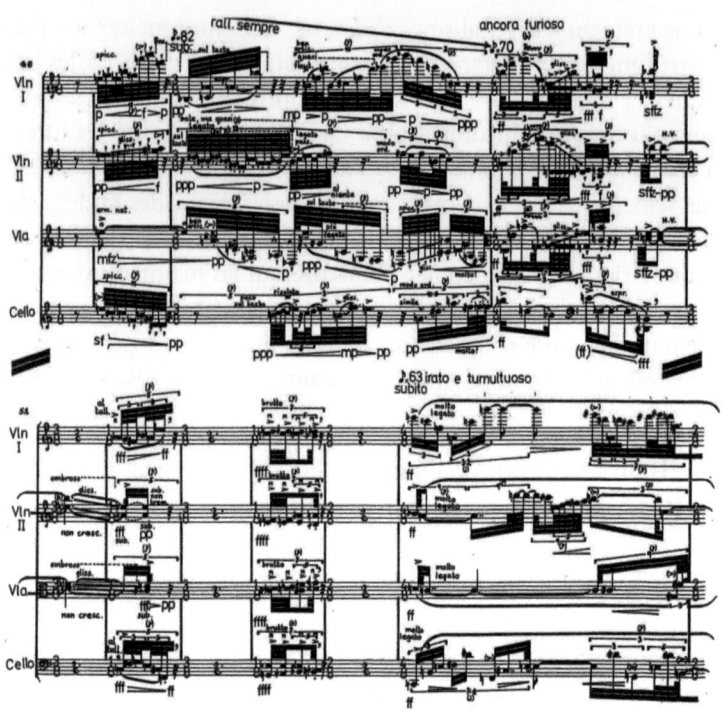

Exemple 3: mesures 48 à 57

Nous sommes ici à la fin de la première section de l'œuvre et au début de la deuxième. Nous avons alors en mémoire, plus ou moins clairement, les cinquante premières mesures dans lesquelles chaque instrument du quatuor est venu se greffer, un à un, aux gestes isolés du premier violon. Les procédés de micro-variations (rythmiques et timbrales) que nous avons vus plus haut ont ébranlé la stricte homorythmie initiale pour laisser place à une texture de plus en plus hétérogène, de plus en plus bouillonnante, superposant les gestes spécifiques du début de l'œuvre. De longues mesures en *glissandi* (mesures 40, fin de la mesure 43, mesure 45) entrecoupent la lente mais claire densification du discours. Dans ces 8 mesures, chaque détails exemplifient l'activité figurale en tant que devenir des gestes, mais ici nous voulons nous concentrer sur deux aspects : la redistribution très rapide des gestes entre les membres du quatuor et comment cette opération permet à Ferneyhough de charger la matière sonore d'une puissante énergie expressive.

Alors que dans les mesures précédentes (mesures 45 et 47 notamment), l'homorythmie générale réalisée par distribution d'un même geste à tout le quatuor, bien que plus lâche qu'au tout début de l'œuvre, restait encore largement présente, la courte mesure 49 divise le quatuor en trois groupes instrumentaux : le premier violon et le violoncelle, partageant encore l'homoryhtmie des mesures précédentes, entament tous deux un motif extrêmement rapide de huit quadruples croches en mouvement contraire et jouées *spiccato*. L'alto y reste insensible et fait résonner, sur une tenue, une harmonique naturelle. Le deuxième violon quant à lui présente un *glissando gettato* ascendant de seconde mineure. Le changement de mesure s'accompagne d'une redistribution des rôles : l'alliance éphémère cesse. Le deuxième violon adopte les notes extrêmement rapides pendant un temps et demi puis le premier violon s'en empare à nouveau dès le deuxième temps de la mesure. Sur le dernier temps, l'alto reprend le *glissando gettato* du deuxième violon mais le transforme en une ascension de quinte. Ainsi, cette mesure 50 apparaît comme un premier sommet d'hétérophonie et de densification mais sa nuance faible voire très faible (du triple piano au *mezzo piano*) ainsi que son ralentissement caractéristique (le tempo passe de 82 à la croche à 70 à la croche) en atténuent quelque peu l'aspect explosif. Chaque instrument semble s'abandonner à ses propres soliloques, sans se préoccuper du discours des autres. A la mesure suivante notée *ancora furioso*, le quatuor s'emporte. Les nuances passent du double forte au triple *forte* et le quatuor se scinde en deux : sur les trois premiers temps le violoncelle est laissé seul, alors que les deux violons et l'alto s'unissent homorythmiquement. Après un violent accord accentué (noté *sffz*), sur la dernière quadruple croche de la pénultième croche, joué par tous les membres du quatuor, celui-ci se scinde à nouveau mais en une disposition différente qui sera maintenue sur les deux mesures suivantes : alors que le premier violon et le violoncelle sont réduits au silence (fin de la mesure 51 et mesure 52), l'alto et le deuxième violon présentent, en une longue tenue double piano, l'accord qui vient d'être joué par le premier violon (*ré-fa-mi-si bémol*), avant d'entamer un *glissando* descendant, toujours en une nuance très ténue, qui vient fortement contraster avec la suite *legato* de six triples croches triple forte des deux autres instruments. S'ensuit une mesure de silence où l'énergie accumulée par les mesures précédentes n'a pas le temps de se dissiper mais, au contraire, semble se contracter jusqu'à la mesure suivante (mesure 55) caractérisée par un retour de la stricte homorythmie étendue à tout le quatuor : le geste ici est très clairement isolé, non seulement par les mesures de silence qui l'encadrent, mais aussi, et en fait surtout, par le contraste qu'il impose en rapport à l'hétérogénéité de la texture qui précède. Ce geste, dont le profil rythmique est clairement identifiable (deux brèves, une longue, une brève) est noté *brutto* et joué quadruple forte. La mesure de silence suivante, encore pleine des résonances du geste précédent, est d'une violence presque plus forte que ce à quoi elle succède : toute la puissance des cinquante premières mesures semble se condenser ici, en cette seconde et demie qui clos la section d'ouverture de l'œuvre. Le calme avant la tempête. Puis vient, subito, la mesure 57 notée *irato e tumultuoso* ; le déferlement énergétique est maximal, tout la force potentielle accumulée jusqu'alors se libère. Tout se passe comme si ces vagues figurales successives, par les redistributions, les multiplications et les compressions des gestes avaient gagné en puissance expressive ce qu'elles avaient perdu en continuité, avaient condensé et accumulé l'énergie qu'elles ne pouvaient libérer en raison de ces impétueux silences « littéraux », pour pouvoir enfin pleinement se présenter, en une éclatante force sonore.

    Intéressons-nous à présent à un second exemple de déploiement d'énergie formelle causé par le travail du figural. Pour cela, observons les mesures 125 et 134.

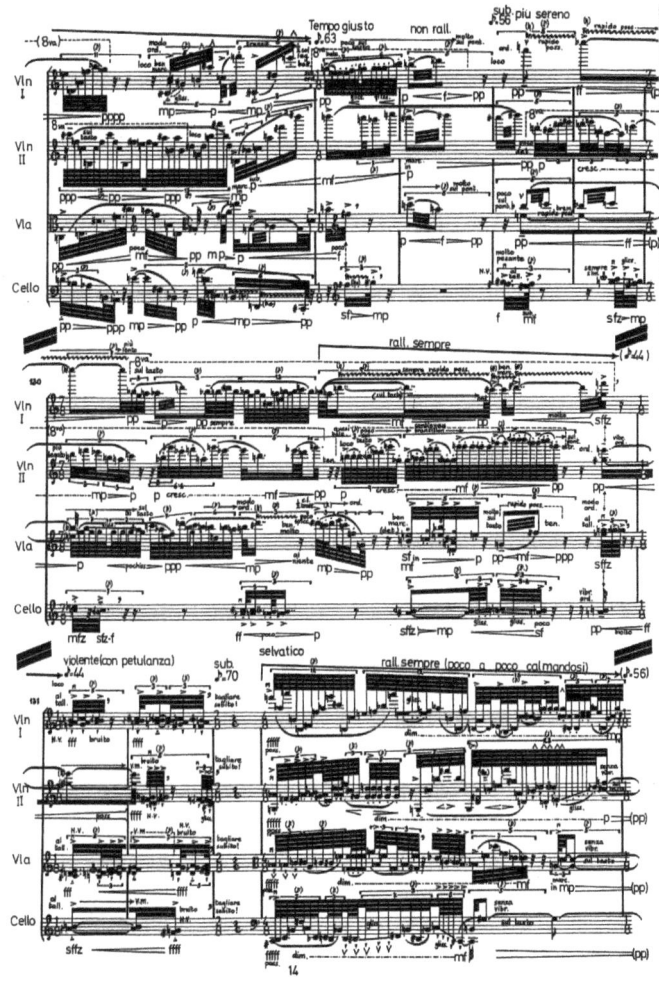

Exemple 4: mesures 125 à 134

L'œuvre atteint ici son dernier quart : ces mesures mènent le *Second Quatuor* de sa pénultième section à l'étonnante conclusion de la pièce. Après un court passage quadruple forte (fin de la mesure 124), l'intensité redevient très faible à la mesure 125 (entre le triple *piano* et le *mezzo piano*). La vélocité des quatre instruments est très importante quoi que relativement limitée par le *rallentando* menant le quatuor de 70 à la croche à 63 à la croche à la fin de la mesure. Sur le dernier temps de cette même mesure, remarquons l'impressionnant mouvement ascendant des deux violons : le premier violon, en trois notes, parcourt plus de deux octaves alors que le deuxième violon, en un legato de six notes parcourt très exactement trois octaves (du *ré* grave au *ré* du suraigu). Cette ascension vertigineuse mène les deux violons dans leur registre suraigu où ils vont demeurer jusqu'à la fin de la mesure 130. Ces deux instruments partagent alors un même répertoire de geste, à savoir des *legato* très rapides ne dépassant que rarement l'octave, des batteries (en tierces, secondes majeures quinte diminuée), des trilles et des groupes de notes répétées. L'alto lui aussi reste, entre les mesures 126 à 130, dans son registre aigu et use du même répertoire de gestes en y ajoutant une batterie de septième majeur et l'utilisation d'harmoniques. Ces trois instruments créent ainsi, en une nuance ténue, une texture vibrante et étincelante, tel un scintillement à grande vitesse. A partir de la mesure 126, le violoncelle passe aussi dans son registre aigu et joue un premier geste en trille très marqué (*subito forte*). Cette première intervention se remarque instantanément, non seulement pas sa forte intensité, mais également car la note d'attaque du trille (*fa#*) est doublée, à l'unisson, par l'alto. Les quatre interventions suivantes du violoncelle contrastent fortement avec le scintillement suraigu des trois autres instruments : son utilisation d'intervalles très réduits, son intensité forte dans son registre aigu, le maintien, à chaque occurrence, d'une note commune à toutes les impulsions, la descente progressive mais lente de ses cinq interventions vers le médium-aigu rendent, en ce passage, le discours du violoncelle grinçant et presque acide. Cette discordance ne va pas laisser impassible les trois autres instruments. Ainsi, les quatre derniers temps de cette mesure sont sensiblement ralentis (de 56 à la croche à 44 à la croche), comme si les grincements du violoncelle emportaient le quatuor vers l'épuisement. Sur le dernier temps, un point de rencontre homorythmique est trouvé : un accord de huit sons est distribué entre tous les membres du quatuor. A la mesure suivante (mesure 131) et pendant la mesure 132, l'intensité devient très forte (*sffz* et triple *forte*). Le premier violon et l'alto se saisissent du geste de micro-intervalles accentués du violoncelle et jouent des grappes de notes très serrées. Seul le deuxième violon, en une tenue de sixte mineure, demeure impassible pendant la mesure 131. A la mesure suivante, le deuxième violon en vient finalement, lui aussi, à rejoindre les autres instruments, en deux motifs très brefs de micro « clusters ». Une mesure de silence complet fait alors taire le quatuor. Ce silence d'un peu moins de deux secondes est le premier arrêt total du son depuis la mesure 56[17] que nous rencontrions dans notre précédent exemple. Ainsi, immédiatement, c'est vers ce moment de l'œuvre que notre oreille est renvoyée en cette mesure 133. Si tel est le cas, ce n'est pas seulement en raison du silence mais également parce qu'en ces deux moments de l'œuvre, une tension énergétique s'est vue accumulée progressivement, par une succession et une superposition d'éléments hétérogènes. En effet, à partir de la mesure 126, l'irisation suraiguë et instable des deux violons et de l'alto s'est vue contrariée fortement par les cinq interventions grinçantes et lourdes du violoncelle qui les a forcés à le rejoindre, aux mesures 131 et 132, en une suite de grappes sonores qui ne sont pas sans rappeler celles de la mesure 55. On s'attend donc, après ce silence, au déploiement énergétique, à la décharge de la tension accumulée en une tempête sonore analogue à celle de la mesure 57. Et c'est bien ce qui se produit ici : à la mesure 134, après le silence, le quatuor s'enflamme en couvrant un ambitus extrêmement large (cinq octaves) -surtout rapportée à la compression de la matière sonore des mesures précédentes- et adoptant une vitesse et une intensité hyperboliques. Cependant, si cette décharge d'énergie est considérable, et en cela assimilable à celle de la mesure 57, les choses demeurent ici bien différentes. Toute cette mesure est marquée par un ralentissement qui vient en limiter considérablement la portée. L'intensité elle aussi, si elle est bien d'une

---

17 Exception faite du très bref silence (mesure 104) entre la fin de la section 3 et le début de la section 4.

rare puissance sur le premier temps (*fffff*), est tout de suite affectée par une *diminuendo* qui s'achèvera trois temps plus loin au double piano par un éclatement de la matière sonore en un accord tenu par le deuxième violon, l'alto et le violoncelle. A la mesure 136, le premier violon tente de revenir à la force énergétique de la mesure 134 mais il ne sera pas suivi par les autres instruments. Sa tentative reste vaine et le silence reprend le dessus mesure 137, après une superposition homorythmique de trois tenues en harmonique du deuxième violon, de l'alto et du violoncelle.

2.b. Le double régime de différence du figural

Ces deux exemples se renvoient donc l'un à l'autre en cela qu'ils manifestent tous deux un aspect commun de l'activité figurale : accumulation progressive mais non continue d'une énergie potentielle par la rencontre violente de gestes hétérogènes et libération de cette énergie en de puissantes forces sonores. Le procédé d'articulation formelle en jeu dans les deux cas est similaire. Pour autant, une différence irréductible demeure. Tout d'abord, cette différence peut être dite *extensive* ou *quantitative*. La mesure 134 et les mesures qui la précédent s'opposent à la mesures 57 et précédentes non seulement parce que les unes sont après les autres dans l'ordre du temporel mais également, bien sûr, parce que les gestes qui les composent ne sont pas identiques. Ainsi, l'auditeur *mesure* la dissemblance des unes en la rapportant à l'identité des autres. Ce processus n'est pas unidirectionnel, c'est certainement là une des spécificités du temps musical : bien que le déroulement temporel de l'œuvre est physiquement irréversible, l'écoute musicale, dans son aspect synthétique, peut opérer par bonds temporels, par disjonctions et redéterminer ainsi, à l'aune du présent, la nature et la fonction d'événements musicaux chronologiquement antérieurs. Ce premier niveau peut se comprendre en termes d'oppositions : la mesure 57 renvoie à la mesure 134, et réciproquement, en cela qu'elles manifestent un bouleversement formel (décharge énergétique d'une énergie potentielle accumulée) et c'est grâce à cette ressemblance qu'on peut précisément mesurer ce qui les éloigne et les différencie. Ces dissemblances régissent la surface sonore, la « présentation ». Un exemple de dissemblance serait d'une part le contraste entre le scintillement sonore des deux violons et de l'alto et les « grincements » du violoncelle des mesures 126 à 130 qui s'oppose, d'autre part, à l'hétérogénéité et les échanges à grande vitesse des mesures 49 à 51. Ce régime d'opposition est ce qui maintient la causalité de l'œuvre, ce qui en assure l'équilibre formel. Tel geste ou telle activité figurale s'inscrit dans un déroulement temporel où les événements musicaux peuvent être évalués les uns en rapport aux autres, les uns comme négatifs des autres. Mais nos deux exemples reposent également sur une deuxième différence, corrélative de la première, une différence que l'on pourrait qualifier de *qualitative* ou d'*intensive* en cela que l'énergie en jeu dans ces deux moments de l'œuvre n'est pas de même intensité : l'énergie qui se manifeste à la mesure 57 n'a pas la même intensité que celle de la mesure 134. En effet, l'homorythmie de la mesure 55 agissait, en quelque sorte, comme condensateur énergique, alors que dans le deuxième exemple, la seule homorythmie qui est trouvée à la fin de la mesure 130, est insuffisante pour remplir la même fonction. A la suite de l'accord homorythmique de la fin de la mesure 130, on voit que le quatuor essaye de retrouver un semblant d'homogénéité par la réappropriation du geste du violoncelle mais cette réappropriation est déphasée, le quatuor ne retrouve pas l'équilibre rythmique de la mesure 55. Le geste est bien partagé, diffusé, mais son déphasage ne permet pas d'opérer cette même condensation énergétique. Pour autant, une énergie non négligeable est bien libérée au début de la mesure 134 mais elle se disperse très vite, et ce malgré la tentative de son maintien par le premier violon à la mesure 136. Ce n'est qu'après le silence que le deuxième violon, timidement, par la simple répétition d'une même note, redonnera vie à l'œuvre. Mais jamais l'énergie ne sera suffisante pour retrouver l'incandescence des mesures précédentes et l'œuvre s'épuisera jusqu'à la coda de *glissandi*.

Ces deux brèches dans le tissu sonore, de près de deux secondes chacune, constituent l'expression d'un silence singulier. Dans ces deux cas (mesures 56 et 133), lorsque le son s'arrête brutalement, l'auditeur est comme projeté en avant. Le discours musical ayant accumulé une énergie très importante, son arrêt soudain agit comme une puissante force de résistance : l'attention percute un véritable mur de silence qui la propulse vers l'avant. L'énergie et les gestes sont, en cet instant, poussés vers leur limite, distendus à l'extrême. Les deux faces du figural (travail négatif du devenir des gestes et libération positive d'énergie) se placent en vis-à-vis. L'énergie, perdant dans le silence ce qui la rendait audible se présente en roue libre, pure, comme détachée de son incorporation gestuelle. Le silence possède alors une qualité inouïe, trouvant ainsi la pleine affirmation de sa positivité, ne se limitant plus à son seul pôle négatif d'abolition du son. Mais cette situation ne peut perdurer plus d'un instant et cette disjonction maximale entraîne une condensation énergétique d'une intensité considérable, relâchée dès la mesure suivante. Le discours ne peut se maintenir dans l'œil du cyclone et est renvoyé aussitôt dans le tourbillon. Ces deux brisures formelles sont des temps critiques de l'œuvre où la distance entre présentation et organisation est la plus grande, où l'énergétique s'émancipe et rend sensible - en un silence plein, chargé, affirmatif - le « *cadre* perceptuel » lui-même, moins sa « mise en scène »[18] que ses coulisses.

Le figural repose sur un double régime de différence qui correspond à ses deux faces : régime de différence extensive ou le figural comme devenir des gestes, régime de différence intensive ou le figural comme énergétique[19]. La première procède par médiation en cela qu'elle rapporte les termes qui diffèrent en les discriminant en fonction de leur degré de ressemblance ou de dissemblance. Le fi-

---

18 Nous faisons ici référence aux termes de Ferneyhough cités ci-dessus : « La figure délivre des *cadres perceptuels* provisoires – des *mises en scène* – capable de projeter d'hypothétiques catégories évolutives particulières vers le futur du discours en-attente-d'être-perçu. » : Brian FERNEYHOUGH, *Collected Writings, op. cit.*, p. 25. Nous soulignons.
19 Sur la distinction entre intensif et extensif et sur la relation entre intensité et différence, cf. Gilles DELEUZE, *Différence et répétition*, Paris, Presses universitaires de France, 1968, p. 286-289 et 299-311.

gural comme devenir des gestes présuppose l'identité et la possible analogie : la différence d'un geste implique l'identité d'un autre. Et ce, même dans la dissipation d'un geste unique où le maintien de « cadres perceptuels » est nécessaire pour que d'autres puissent advenir. Bien que nécessitant une incorporation gestuelle pour surgir, la face énergétique du figural procède hors de la médiation d'un ordre chronologique distribuant les différences selon l'antérieur et le postérieur. La face énergétique du figural procède intensivement, en réaffirmant, à chacune de ses manifestations, sa propre distance à l'origine. Ainsi, l'énergie déployée à la mesure 55 diffère intensivement de celle déployée à la mesure 133 : c'est-à-dire que si toutes deux se renvoient l'une à l'autre ce n'est pas selon un rapport analogique où nous pourrions déterminer le degré de ressemblance de l'une en fonction de l'identité de l'autre et réciproquement (cela n'est possible qu'avec les mesures précédentes et suivantes), mais bien en tant que différence de différence, chacune étant doublée par l'affirmation d'un même principe différenciant ou plutôt chacune se différenciant par elle-même. Si l'énergétique figurale peut se différencier par elle-même, c'est qu'elle ne se mesure pas à l'aune d'une identité fixe présupposée mais d'une identité mobile, variable, modulable selon les cas. C'est précisément cette identité sans cesse déplacée, sans lieu déterminable, affirmée par la face intensive du figural qui constitue l'*absence* que le *Second Quatuor à cordes* rend subtilement audible.

Esquisse d'une physionomie formelle de la période dite de « synthèse » chez Saed Haddad

Anis Fariji

1- L'idée de « synthèse » chez Saed Haddad

Saed Haddad, compositeur allemand né en Jordanie, fait partie d'une nouvelle génération de compositeurs d'origine arabe ayant adopté l'écriture musicale contemporaine[1]. Une poétique commune chez cette génération de compositeurs consiste à sonder les différentes possibilités de réinvestir le matériau musical issu de leur culture d'origine. Cependant, force est de constater que, équivoque, cette préoccupation est d'emblée motivée par le souci de résister aux lieux communs auxquels fut souvent associé l'emploi des éléments issus de la musique traditionnelle arabe. Position délicate et compliquée en ceci qu'elle s'oppose à la fois à une certaine tendance au sein de la pensée musicale arabe à perpétuer le langage modal traditionnel en une identité inaltérable, mais aussi à certains poncifs en Occident qui entretiennent quelques clichés exotiques pour tout ce qui fait allusion à l' « Orient ». Œuvrant à déjouer l'un ou l'autre de ces deux schèmes, c'est tout un enjeu de critique et d'inventivité qu'assume alors l'écriture musicale chez ces compositeurs.

Telle est la perspective dans laquelle s'est engagée la musique de Saed Haddad dès les premières pièces de son catalogue :

> écrire une musique qui, sans être exotique, témoigne de manière essentielle de la musique arabe comme de la musique occidentale. C'est-à-dire arabe dans son apparence – sonorités, rythmes,

---

1 Parmi les autres compositeurs d'origine arabe qui s'inscrivent dans cette même optique, on peut citer : Ahmed Essyad (Maroc), Zad Moultaka (Liban), Zaid Jabri (Syrie), Samir-Odeh Tamimi (Palestine-Israël), Amr Okba (Égypte), etc.

articulations – et occidentale dans son essence, sans sombrer dans la trivialité post-moderne qui n'aurait, en outre, rien d'arabe.[2]

Comprenons par là une écriture musicale qui emploie comme matériau fondamental des éléments du langage modal arabe, mais dont le traitement est ouvertement inspiré des procédés critiques de la modernité musicale occidentale. Haddad parle de « transfiguration ». C'est une notion par laquelle le compositeur nomme ce rapport critique vis-à-vis de l'élément musical non-occidental. La transfiguration désigne le mode sous lequel l'élément traditionnel apparaît à la fois actuel et non-identique à lui-même, tendu autrement vers son autre :

> I see in the art of transfiguration a major key for the compositional reconstruction of the Other. [...] The art of transfiguration suggests transcendence and existence at once: Transfiguration transcends the exoticism and tourism of postmodernism through entering into a universal global sphere.[3]

Dans le même sens, la préoccupation de déjouer l'évidence d'un matériau fortement caractérisé pourrait donner à comprendre la forte réticence qu'exprime Haddad quant à l'emprunt schématique des formes préétablies de la tradition musicale arabe : « on ne met pas de vin nouveau dans de vielles bouteilles. Les formes de la musique arabe appartiennent à une autre époque, un autre esprit, une autre histoire, et ne peuvent se plier aux exigences de la musique contemporaine. »[4] Une telle position, par sa fermeté, témoigne de l'importante qu'accorde le compositeur au travail for-

---

[2] Saed HADDAD et Jérémie SZPIRGLAS, « Saed Haddad, entre les milieux », *in* Pierre ROULLIER (dir.), *Saed Haddad entre les milieux*, Champigny-sur-Marne, Ensemble 2E2M, coll. « À la ligne », n° 10, 2013, p. 14.

[3] Saed HADDAD, « Composition in the 21st century and the encounter with the Other », http://www.saedhaddad.com/writings/Composition_in_the_21st_century_and_the_encounter_with_the_Other.pdf, consulté le 9 octobre 2014, p. 3.

[4] Saed HADDAD et Jérémie SZPIRGLAS, « Saed Haddad, entre les milieux », *op. cit.*, p. 15.

mel, travail auquel le traitement critique du matériau modal s'avère étroitement lié.

Ainsi, à partir de 2004, Saed Haddad estime « être parvenu à un langage neuf », langage qui aurait abouti à ce qu'il appelle une forme de « synthèse », à savoir « une musique occidentale, indubitablement moderne, mais qui exprime en même temps une certaine quintessence de la musique arabe. »[5]. Il convient cependant de signaler que cette solution de « synthèse » sera abandonnée deux années plus tard – soit à partir de 2007 – en faveur d'un « art purement occidental », selon l'expression du compositeur. Dès lors, s'il est question d'introduire des éléments de la musique arabe dans les pièces postérieures à cette première période dite de « synthèse », ils y seront beaucoup moins saillants, sinon soigneusement dissimulés[6]. Sans s'arrêter ici sur les raisons de ce tournant dans l'écriture de Haddad – raisons liées, selon lui, aussi bien à la réception de ses œuvres en Occident qu'à son évolution personnelle[7] – on se limitera plutôt à étudier la période de « synthèse », laquelle, sans doute, permettrait par ailleurs d'approcher l'écriture du compositeur dans son ensemble.

La méthode d'analyse qu'on suivra pour ce faire consiste non pas à inventorier les différents matériaux et procédés employés, encore moins à relater dans tous ses détails l'écriture du compositeur – l'espace d'un article ne le permettant d'ailleurs pas – mais à en saisir certains moments qualitatifs sous forme de catégories que l'on va tenter de nommer et d'élaborer. On s'inspirera en cela de ce que Theodor Adorno désignait par « théorie matérielle des formes », une approche d'analyse musicale dont on présentera, dans un premier temps, la méthode telle qu'on envisage de l'appliquer à la musique de Saed Haddad.

---

5 *Ibid.*, p. 14.
6 Cf. *Ibid.*, p. 16.
7 Cf. CENTRE DE DOCUMENTATION DE LA MUSIQUE CONTEMPORAINE, « Table ronde avec Omer Corlaix, Saed Haddad, Jérémie Szpirglas, Rachid Brahim-Djelloul (enregistrement audio) », http://www.cdmc.asso.fr/fr/waudio/download/1861, consulté le 9 octobre 2014, 22'55''.

2- Une méthode pour la physionomie musicale

> ...faire parler les éléments de la structure musicale et localiser techniquement les intentions fulgurantes de l'expression.[8]

« L'analyse musicale est impopulaire »[9], faisait remarquer Carl Dahlhaus. Il est en effet une idée reçue selon laquelle toute attitude réflexive sur la musique compromettrait l'expérience sensible et spontanée à laquelle la musique se donne. On allègue par là la dimension expressive de l'œuvre musicale, dimension qui, en effet, rend possible l'expérience esthétique. Il n'en demeure pas moins que l'expression en musique, comme pour toute autre forme d'art, ne saurait être rapportée à quelque critère univoque – comme la présence par exemple d'un élément immédiatement expressif, étant chargé d'affect – mais concourent au phénomène sensible tout un complexe de paramètres. Theodor Adorno rend compte de la complexité du phénomène de l'expression dans l'art en termes de dialectique de la mimésis et de la rationalité. Il explique en effet que si la dimension mimétique est essentielle pour l'art, dimension qui permet justement l'affinité sensible avec l'objet esthétique, elle se trouve dès l'origine fonction d'une certaine forme de rationalité, et ce du fait même que l'objet artistique soit un artefact, c'est-à-dire une construction technique, apparût-elle spiritualisée :

> L'expression est un phénomène d'interférence, autant fonction de la procédure technique que mimétique. La mimésis elle-même est évoquée par la densité du processus technique dont la rationalité immanente semble cependant s'opposer à l'expression.[10]

---
8   Theodor W. ADORNO, *Mahler: une physionomie musicale*, Paris, Éditions de Minuit, coll. « Le Sens commun », 1976, p. 14.
9   C. DAHLHAUS, *Schoenberg: essais*, Genève Mésigny, Contrechamps éd, 1997, p. 29
10 Theodor W. ADORNO, *Théorie esthétique*, traduit par Marc JIMENEZ, Paris, Klincksieck, coll. « Collection d'esthétique », n° 50, 2011, p. 165.

Il suffit pour s'apercevoir de ce rapport d'interférence entre expression et construction technique de se rappeler que même les éléments expressifs les plus immédiats, ceux qui nous apparaissent comme « naturels » – tel idiome musical traditionnel fortement caractérisé, par exemple – ne sont *in fine*, si on les regarde de tout près, qu'un assemblage technique de menus détails[11], une certaine forme de construction, autrement dit.

Voilà pourquoi l'expérience esthétique ne saurait se réduire à la pure immédiateté, car l'objet d'art lui-même n'est rien d'autre que le produit d'un processus de médiation. L'expérience esthétique devrait alors assumer sa propre médiation, elle devrait ce faisant s'accomplir par strates comme autant d'étapes qui mettent en évidence tel ou tel aspect de la construction logique de l'œuvre. Or cela est d'autant plus vrai dès lors qu'il s'agit d'œuvres critiques comme celles de Haddad : plus l'écriture s'oppose à l'apparence des éléments immédiatement expressifs, notamment ceux légués par la tradition, et plus déterminante devient la fonction de la construction technique et du travail formel dans l'expression de l'œuvre. D'où l'importance, d'autant plus cruciale dans la modernité, de l'analyse musicale dans le processus même de l'expérience esthétique, importance qu'exprime autrement Adorno :

> La pure immédiateté ne suffit pas à l'expérience esthétique. […] L'analyse aboutit à un beau, tel qu'il devrait apparaître à la parfaite perception non consciente et oublieuse de soi. Elle décrit ainsi à nouveau, subjectivement, la voie que l'œuvre d'art décrit en elle de façon objective : la connaissance adéquate de la chose esthétique est l'accomplissement spontané des processus objectifs qui, grâce à ses tensions, se déroulent à l'intérieur d'elle-même.[12]

---

11 « Quand on regarde de très près, les œuvres d'art se métamorphosent en chaos et les textes en mots. Si l'on s'imagine posséder immédiatement les détails des œuvres d'art, ceux-ci s'évanouissent dans l'indéterminé et l'indistinct tant ils sont médiatisés. » *Ibid.*, p. 148.
12 *Ibid.*, p. 106.

Cependant, rien n'est moins certain pour l'analyse musicale qu'une réussite qui lui soit assurée à l'avance. Afin qu'elle participe réellement du processus de l'expérience sensible de l'œuvre musicale, l'analyse se doit d'inventer ses propres moyens méthodologiques, et ce à même les dynamiques à l'œuvre au sein de l'objet. Telle peut être comprise la dimension « matérielle » de la méthode dans la pensée d'Adorno, dimension qu'Anne Boissière rappelle comme suit : « La méthode, qui n'est pas indépendante de l'objet mais au contraire en rapport étroit avec le structuré, ne peut être dans ce cas abstraitement définie. »[13] À défaut de ce lien étroit avec le structuré, avec le dynamique, l'analyse musicale encourt deux risques. Le premier serait de s'abîmer de l'intérieur dans une description qui n'irait pas au-delà de la facture de l'œuvre ; en décomposant celle-ci en des invariants statiques, elle ne ferait dans ce cas que produire une sorte de tautologie. Le deuxième risque serait de produire un propos sur l'œuvre qui, en voulant traduire la dimension éminemment spirituelle de celle-ci, demeurerait emphatiquement extérieur par défaut d'une véritable articulation avec la chaire de l'objet et sa dynamique immanente. C'est bien contre ces deux pratiques de l'analyse qu'Adorno exhorte à bien se garder :

> À celui qui ne reste qu'à l'intérieur, l'art n'ouvrira pas les yeux ; celui qui se contenterait de rester à l'extérieur fausse les œuvres d'art par un défaut d'affinité pour elles. L'esthétique devient cependant plus qu'un va-et-vient rhapsodique entre les deux points de vue en développant l'imbrication de ceux-ci dans l'œuvre.[14]

La « théorie matérielle des formes » qu'Adorno appelait de ses vœux se propose alors comme méthode d'analyse musicale qui se donne comme objectif de réussir l'imbrication des deux pôles, technique et conceptuel, dans un rapport étroit avec l'objet. Exprimé métaphoriquement, elle consiste « *à faire parler* la musique au

---

13 Anne Boissière, *Adorno, la vérité de la musique moderne*, Villeneuve d'Ascq, Presses universitaires du Septentrion, coll. « Opuscule », n° 12, 1999, p. 26.
14 Theodor W. Adorno, *Théorie esthétique, op. cit.*, p. 458.

moyen de la théorie »[15]. Il n'est toutefois nullement question d'un mode d'emploi tout fait, mais d'une conception d'analyse qui peut se traduire de différentes manières. Ce qui demeure cependant visé en principe, c'est d'inventer et de mobiliser des outils, aussi bien techniques que conceptuels, qui, en même temps qu'ils rendent compte de ce qui se passe concrètement dans l'œuvre, établissent avec elle une certaine distance telle qu'un sens pourrait être approché : le sens que déploie objectivement l'œuvre au-delà de sa matérialité. Car, au final, pour approcher la dimension expressive de l'œuvre, pour aller au-delà de sa matérialité, il faudrait bien la considérer non pas comme un artefact figé – parce que soi-disant fixé par le signe écrit – mais en tant qu'objet vivant et dynamique, un objet animé par des mouvements internes comme autant de processus et de tensions. La théorie matérielle des formes a justement pour tâche, selon Adorno, de rendre l'analyse musicale intimement sensible à ce qui vit au sein de l'œuvre et qui y fait sens :

> Ce qui dans l'artefact peut s'appeler l'unité de son sens n'est pas statique mais processuel, résolution des antagonismes que toute œuvre d'art renferme nécessairement. C'est pourquoi l'analyse n'approche l'œuvre d'art que lorsqu'elle saisit de façon processuel le rapport des composantes entre elles, non pas lorsqu'elle les décompose en les réduisant en des éléments prétendument premiers.[16]

On tentera d'aller dans ce sens pour ce qui concerne l'analyse qu'on propose ici de l'œuvre de « synthèse » de Saed Haddad. En mettant l'accent sur ce qui spécifie, en termes de caractère, certains types de figures ou de textures dans les pièces abordées, on en induira des catégories formelles – par « catégorisation » justement – recouvrant quasiment la totalité de la forme. Cela dit, il ne s'agit pas de subsumer le particulier dans des cases statiques qui ôteraient leurs dynamiques singulières aux différentes occurrences soustraites du tissu formel concret. Mais, en rangeant quantitativement

---

15 Theodor W. ADORNO, *Mahler, op. cit.*, p. 72.
16 Theodor W. ADORNO, *Théorie esthétique, op. cit.*, p. 246.

côte à côte différentes occurrences suivant un sens donné, une qualité générale – un caractère – est sensée ainsi progressivement s'y dégager, celle que la catégorie nommée devra *in fine* représenter. Avec une telle distance du général, la catégorie formelle sera en mesure de viser au-delà de la facture et, par conséquent, de signifier un moment qualitatif de la forme. De même que l'ensemble des catégories distinguées ne se veulent pas tant représenter une addition d'un tout formel que des moments qui, dans leur interaction, donnent à déchiffrer, selon les différents cas, les articulations, les tensions et les ruptures au sein de la musique de Haddad de cette période. C'est au demeurant la forme en tant que corps dynamique qu'on tentera d'approcher : une physionomie, autrement dit.

3- Trois catégories formelles pour l'œuvre de « synthèse »

Les trois catégories formelles qu'on va établir pour les pièces de « synthèse » de Saed Haddad sont : « Chant-solo », « Déchaînement » et « Suspension ». Si on a choisi de les présenter distinctement, c'est par souci d'une meilleure lisibilité de la réalité musicale, réalité dans le concret de laquelle, cependant, ces catégories peuvent tout à fait se présenter entrelacées ou combinées selon tel ou tel cas particulier.

3.1- Chant-solo

Un premier abord du répertoire de la période de « synthèse » suffirait pour s'apercevoir d'un élément qui immédiatement se distingue. Il s'agit d'un type particulier de mélodie (cf. Exemple 1). Il se distingue d'abord par sa récurrence, du fait qu'il revient quasiment dans toutes les pièces, qui plus est dans le même mode mélodique – le mode *Sīkāh-Huzām* –[17] ; mais il se distingue aussi par sa

---

17 Voici, à travers les principales pièces de « synthèse », quelques occurrences de cette figure de Chant-solo en *Sīkāh-Huzām* : *Le Contredésir* : mes. 62-71 ; *La Mémoire et l'Inconnu* : mes. 47-49 ; *On Love I* : mes. 1-11 ; *On love II* : mes. 1-2 ; *Les Deux Visages de l'Orient* : 1-3.

qualité objective d'idiome, du fait qu'il fait directement référence à un genre de phrasé typique du répertoire proche-oriental traditionnel, à savoir le phrasé cantillatoire.

Exemple 1: *Figure première de Chant-solo, sur l'échelle de Sikāh-Huzām/mi♩ ; Les Deux Visages de l'Orient (I)*

La référence à la cantillation – appelée autrement « psalmodie » – est signalée par le compositeur lui-même en tant que modèle dont il s'inspire entre autres valeurs musicales de la tradition orientale :

> In this piece [*Contredésir*], Arabic musical models were followed, including an opening with a quasi-improvisatory lyrical ambience […], an imitation of the riqq (tambourine) […], an oriental church antiphonal dialogue between solo psalmodic singing and collective refrain […], and the dance and ecstatic culmination of Sufi rituals.[18]

Il s'agit alors d'une phrase mélodique fondamentalement conjointe, sous forme d'arche exiguë dont la note d'arrivée rejoint le même degré de la note de départ, à savoir le degré fondamental du mode (*mi♩* ou *si♩* selon les cas). Si par ailleurs on rencontre cet objet mélodique en d'autres configurations modales, il n'en garde pas moins les mêmes allure et caractère (cf. Exemple 2 et Exemple 3).

---

18 Saed HADDAD, *The abstraction of Arabic musical vocabulary, spiritual and cultural values into contemporary Western music*, Thèse de doctorat de composition musicale, King's College, London, 2005, p. 22.

Exemple 2: Chant-solo sur l'échelle de Rāst/sol ; Le Contredésir (partie clarinette)

Exemple 3: Chant-solo sur l'échelle de Sabā/si ; On Love I (partie qanun)

Une courbe sous forme d'arche quasi-ininterrompue, telle un seul souffle, délimitée de surcroît par des moments de silence – de « respiration » – voilà qui évoque le geste vocal de la récitation cantillée, quand bien même s'agit-il de séquences instrumentales – les didascalies « *cantanbile* » ou « *cantando* » le rappellent d'ailleurs bien explicitement. Mais c'est surtout par sa structure rythmique que cet objet s'apparente d'encore plus près au phrasé cantillatoire. C'est à un rythme hétérogène auquel on a affaire ici, un rythme composé de cellules irréductibles les unes aux autres si bien qu'elles ne laissent se dégager aucune régularité temporelle. L'irrégularité rythmique est manifestée davantage par l'articulation syncopée, ainsi que par les fioritures des petites notes « hors-mesure ». L'indication du *rubato* ne fait du reste que mieux consacrer la temporalité fluide d'un tel rythme. Ainsi retrouve-t-on l'irrégularité et la fluidité du rythme cantillatoire, le rythme intrinsèque et contingent de la prosodie verbale. Voilà somme toute qui empreint ce premier objet mélodique de la qualité spécifique du chant cantillatoire.

Aussi cette figure de chant imite-t-elle la parole. Quand bien même est-elle « muette » (instrumentale), s'exhale toutefois de son déroulement la douceur du chuchotement ; une tendresse transparaît d'elle ; d'autant plus qu'elle dessine une courbe qui aussitôt fléchit – tendre inclinaison. Voilà qui confère à cette figure de chant un caractère d'intimité, d'introversion. Elle reste en retrait dans l'espace. D'autant plus que la contingence de ses accents rythmiques la rend irréductible à toute forme de synchronisation spatiale, *a fortiori* collective. Aussi n'est-elle entraînée par nulle force motrice qui lui serait extérieure ; la seule énergie dont elle puise sa motricité lui est immanente, à savoir l'écoulement d'une parole virtuelle dont elle est l'ombre, dont elle représente la trace ou autrement l'écorce. D'ailleurs, on ne manquera pas de signaler le rapport essentiel qui lie la structure cantillatoire à l'improvisation, ce mode éminemment individuel de l'expression[19]. Dès qu'elle apparaît, c'est la figure de la pure individualité qui alors transparaît avec elle. Ce caractère individuel est affermi davantage par le mode en lequel se poursuit cette structure de chant, à savoir un déroulement discontinu et irrégulier de périodes mélodiques autosuffisantes, intercalées par des césures, comme autant de paroles déclamées avec des pauses de respiration à durées indéterminées. Il en est précisément ainsi de l'agencement des phrases mélodiques quand il est question de cette figure de chant dans les pièces de Haddad. Du reste, si l'on s'en tient uniquement à la structure rythmique contingente du phrasé cantillatoire, tout comme à celle de son agencement en périodes, le type de temporalité qui y est soutenu se présente plutôt stationnaire. D'autant plus que chaque période, pour autosuffisante qu'elle est, une fois close, n'engage guère aucune consécution si ce n'est de poursuivre – dans le cas de

---

19 Sur ce rapport essentiel entre cantillation et improvisation : Cf. Anis FARIJI, *Forme et improvisation musicales sous le signe du sacré : le cas de la récitation coranique. La récitation collective marocaine et la récitation maqāmique égyptienne*, Mémoire de Master 2, Université Paris X, Nanterre, 2015, p. 121 ; Cf. Kristina NELSON, *The Art of Reciting the Qur'an*, Second printing., Cairo New York, American University in Cairo Press, 2001, p. 168.

la cantillation proprement dite – le sens d'un texte déclamé. D'où enfin le caractère affirmatif de cette figure de chant : un temps « arrêté » pour la « prise de parole ». Individuel et affirmatif, ce sont au demeurant les principaux traits de caractère qui définissent cette première catégorie que l'on choisit de nommer « Chant-solo »[20].

Voilà donc circonscrite une figure de chant quoique encore bien conforme à son identité traditionnelle première. Mais déjà, du fait même qu'elle est maintenant captée et fixée par l'écrit, elle se voit engagée dans une perspective de différenciation, fût-ce potentiellement. « L'écriture, écrit Hugues Dufourt, permet de créer un monde qui ne doit plus rien au conformisme ni à la spontanéité. »[21] En effet, le fait de capter un idiome issu de l'oralité n'est pas qu'un simple reflet sur papier, mais tout d'abord une mise en suspens de la mémoire orale intuitive et de son élan mimétique, ce qui établit par là-même une distance potentielle avec l'idiome, distance telle que peuvent s'introduire la réflexion et la critique. C'est bien ce qui permet le travail de contorsion et de transfiguration qu'entame alors la musique de Haddad autour de ce premier objet immédiat. En voici quelques principales techniques[22] :

a) *la désorientation* : il s'agit tout simplement de déjouer la contrainte qu'impose la modalité à la trajectoire mélodique de cette figure. Ainsi, tout en tenant à maintenir l'aspect modal, la courbe du Chant-solo déjoue, de manière en l'occurrence bien subreptice, les normes téléologiques du matériau traditionnel employé. Cela va du simple évitement de la fondamentale (cf. Exemple 4), jusqu'à la concaténation dans la même phrase, de manière souvent « non-conventionnelle », de cellules mélodiques

---

20 On entend par « solo » non pas nécessairement une exécution en soliste, mais plutôt une qualité esthétique qui confère ce caractère d'individualité aux séquences concernées, lesquelles, d'ailleurs, peuvent tout à fait se présenter en une écriture à plusieurs et différentes voix simultanées.
21 Hugues DUFOURT, *Musique, pouvoir, écriture*, Paris, C. Bourgois, coll. « Collection Musique, passé, présent », 1991, p. 178.
22 Il s'agit ici d'une présentation schématiquement logique (progressive) ; ces techniques peuvent, cependant, bien être combinées.

en différentes configurations modales (cf. Exemple 5) ; le compositeur parle, lui, de « modulation abrupte »[23]. En s'affranchissant ainsi du déterminisme modal, la trajectoire mélodique gagne en souplesse en étant précautionneusement « désorientée ».

Exemple 4: *phrase sur l'échelle de Sabā-Zamzam/la évitant la finale (la) ; La Mémoire et l'Inconnu (partie flûte)*

Exemple 5: *ligne mélodique « désorientée » multipliant les modulations*

b) *l'octaviation abrupte* : il s'agit d'isoler, en l'extrayant brutalement dans un autre registre, une ou plusieurs notes qui, normalement, devraient adhérer à l'aspect fondamentalement conjoint de la courbe modale. Bien que cette technique soit en quelque sorte assimilée traditionnellement[24], l'usage qu'en fait Haddad lui as-

---

23 Cf. Saed HADDAD, *The abstraction of Arabic musical vocabulary, spiritual and cultural values into contemporary Western music*, op. cit.

24 On pense aux effets d'harmoniques à l'octave qu'on provoque traditionnellement au *nāy* ou au *kamān* afin d'obtenir une expression disons un peu pathétique. L'octaviation abrupte renvoie clairement à cette technique traditionnelle dans un passage de *On Love I* où le compositeur reproduit le timbre du *nāy* (mes. 124-131).

signe une toute autre fonction. En effet, quand l'octaviation devient arbitraire, incisive, et machinale, c'est la nature même du Chant-solo qui change : tout en transperçant le registre, il se brise, se fragmente, voire se dédouble (cf. Exemple 8). Ainsi, d'un état relativement quiet, dû à l'aspect conjoint de la courbe modale, le Chant-solo se contorsionne en étant maintenant écartelé, tiraillé et saccadé (cf. Exemple 6). Notons au reste qu'en émancipant l'orientation du parcours mélodique et en occupant davantage le registre, c'est toute la texture musicale qui va s'ouvrant et s'élargissant.

Exemple 6: ligne mélodique contorsionnée ; Le Contredésir (partie clarinette)

c) *la verticalisation* : il s'agit ici de ce que peut impliquer la dimension verticale de la musique sur une figure de chant modal dont la « nature » est fondamentalement horizontale. Déjà, en s'écartelant entre les différents registres, la ligne mélodique se présente elle-même comme multiple, surtout lorsque le déroulement dans chacun des registres tend à s'autonomiser, à devenir linéairement continu, fût-il entrecoupé ; Haddad parle de « polyphonie cachée »[25]. Autrement, il s'agit de certaines techniques de « brouillage » vertical que le compositeur applique à la figure chantante. Il est question, entre autres, de contrechant (cf. Exemple 7), mais aussi d'obstruction harmonique, laquelle se fait quasi-systématiquement par intervalles serrés ou octaviés de secondes, septièmes ou quintes diminuées. Mais si le simple brouillage vertical n'affecte pas encore la nature même du chant, il n'en produit pas moins quelque tension qui laisserait entrevoir la possibilité d'une

---

25 Cf. Saed HADDAD, *The abstraction of Arabic musical vocabulary, spiritual and cultural values into contemporary Western music*, op. cit., p. 7.

transformation. C'est justement ce qui arrive quand l'énoncé du Chant-solo lui-même intègre une certaine verticalité : tantôt en se dédoublant sous forme de contrepoint (cf. Exemple 8), tantôt en incorporant ouvertement – par cristallisation de l'octaviation le cas échéant – des agrégats harmoniques (à la fin de l'Exemple 8). Il est important de souligner que, dans ces deux cas, la structure rythmique du Chant-solo tend à la régularité, comme si la dimension spatiale qu'il incorpore par sa propre verticalisaion lui imposait une discipline temporelle.

Exemple 7: Contrechant ; *On Love I* (parties hautbois et qanun)

Exemple 8: contrepoint à rythme strié ; *Les Deux Visages de l'Orient (I)*

d) *la dislocation* : il semble qu'ayant subi les transfigurations précédentes, le Chant-solo tend à perdre de sa cohésion, à se désagréger. Il se transmue en fragments disloqués aussi bien dans l'espace que dans le temps (cf. Exemple 9). Il convient de souligner que, bien souvent, la dislocation s'avère concomitante d'une nappe au second plan qui soutient une texture plus calibrée, voire raide, comme si des forces émergentes du striage temporel agissaient à l'encontre du temps lisse du Chant-solo[26]. La nappe homorythmique dans *On Love I* (mes. 22-58), qui va s'épaississant et surplombant le Chant-solo, en serait le paroxysme : elle l'engloutit presque.

Exemple 9: *chant dédoublé et disloqué ; Les Deux Visages de l'Orient (II)*

En devenant désorientée, écartelée, fragmentée et disloquée, la figure du Chant-solo se voit ce faisant emportée dans des processus et suivant des lignes de construction qui se déploient à même sa propre transfiguration, de manière immanente. Autant dire que le Chant-solo ne se suffit plus au mode de déploiement de son modèle traditionnel, à temporalité stationnaire, il n'est plus replié

---

[26] Ainsi le cas par exemple d'une nappe mouvementée dont la structure est issue du cycle rythmique traditionnel *Samâî thaqîl* (les premières mesures de *Ombroso* (mes. 120) dans *L a Mémoire et l'Inconnu*, et mes. 96-113 dans *Le Contredésir*).

dans son phrasé autosuffisant, mais se trouve maintenant entraîné dans un plan de construction qui le projette pour ainsi dire de l'avant. C'est ce qui soutient le fait que le déroulement musical, entrecoupé au début suivant les périodes « cantillatoires », tend à devenir continu, compact et va même se précipitant ; la série de Fibonacci dont se sert le compositeur pour structurer et intensifier le rythme en est un outil probant[27]. C'est au final le caractère individuel et affirmatif de cette figure de chant qui se trouve dès lors compromis.

En somme, la catégorie formelle qu'on a nommée « Chant-solo » englobe non seulement les différentes occurrences « originelles » ou transfigurées de la figure de chant dans cette écriture, mais aussi les *processus* même du devenir de celle-ci. C'est la raison pour laquelle elle se donne à être considérée, bien au-delà d'elle-même, dans son articulation dynamique avec la totalité de la forme. Car, au-delà des transformations factuelles qu'observe le Chant-solo, c'est lors même de sa transfiguration et de son déploiement progressivement agité que la musique gagne en énergie et engendre ainsi des forces. De sorte qu'elle médiatise déjà d'autres configurations qui, bien qu'encore absentes ou inconnues, pourraient survenir à n'importe quel moment si tant est qu'elles viennent capter de telles forces et leur donner substance ; elles y sont autrement dit déjà potentielles.

3.2- *Déchaînement*

La catégorie qu'on nomme « Déchaînement » tentera de rendre compte de la tournure que prend la texture musicale dans le rapport au devenir du Chant-solo. En fait, c'est comme si la musique était « poussée » à se métamorphoser afin de libérer – dé-chaîner – une énergie grandissante, celle-là même que le Chant-solo semblait brider – en-chaîner – en raison de son caractère au demeurant affirmatif et de sa temporalité retenue : le Déchaînement vient comme affranchissement de cette énergie. On souligne pour

---

[27] Cf. Saed HADDAD, *The abstraction of Arabic musical vocabulary, spiritual and cultural values into contemporary Western music*, op. cit., p. 8.

l'instant que la texture advenue du Déchaînement est de tempo rapide, allante et relativement régulière au niveau rythmique – tout ce qui l'oppose en fait du Chant-solo.

Cela prend très fréquemment la forme de flèches filantes (souvent en triolets de triples-croches). Elles peuvent émerger à même le Chant-solo en pleine agitation (cf. Exemple 10), comme elles peuvent surgir au second plan – homorythmiques éventuellement en d'autres instruments – précipitant celui-ci, tout en l'interrompant, à se transformer (cf. Exemple 11). Il n'est pas anodin, par ailleurs, que le sens de ces flèches galopantes soit ascendant : cela médiatise, fût-ce symboliquement, le devenir expansif propulsé par la dynamique du Chant-solo.

Exemple 10: flèche émergeant à même le Chant-solo ; La Mémoire et l'Inconnu (partie oud)

Exemple 11: flèche homorythmique ; On Love II (partie cuivres)

D'autres figures frénétiques s'associant au Déchaînement peuvent survenir de manière tout à fait inopinée. C'est le cas par exemple d'un geste en arpège large dans *Les Deux Visages de l'Orient* (cf. Exemple 12). Bien qu'il surgisse sans préparation progressive, ce geste impétueux n'en est pas moins médiatisé, notamment par l'écartèlement préalable du Chant-solo dans le registre dont l'arpège viendrait réaliser l'affranchissement : il libère tout d'un coup le registre, les intervalles, aussi bien que l'énergie accrue lors de la contorsion du chant.

Exemple 12: *figure d'arpège frénétique ; Les Deux Visages de l'Orient (II)*

Mais si, isolée et violente, cette figure demeure intempestive dans son contexte, elle témoigne déjà, en l'anticipant, d'un déchaînement à venir – compénétration qui sous-tend par ailleurs l'unité de la forme. En effet, l'irruption d'une texture résolument déchaînée est confirmée plus loin (mes. 18-27), lorsque cette même figure d'arpège réapparaît cette fois-ci continûment réitérée. Tel un symptôme donc, cette bribe éphémère aura été le signe d'une force qui, étant alors bridée, peinait lors du Chant-solo à se délivrer, mais qui finit par s'élancer décidément en un véritable déchaînement ; c'est sans doute la même force qui portait souterrainement le Chant-solo à se contorsionner et se transfigurer.

Mis à part son caractère nettement vivace et véhément, c'est par son aspect réitératif que se distingue également le Déchaînement, comme c'est le cas d'ailleurs dans l'exemple précédent. Le Déchaînement s'en tient presque à « faire tourner » un même geste, si bien qu'il devient difficile par là d'entrevoir une quelconque visée ; ceci est d'ailleurs tout le contraire du caractère éminemment téléologique de la figure chantante de la précédente catégorie. C'est comme si, en se déclenchant justement comme affranchissement de ce que le Chant-solo contenait, le Déchaînement se trouvait « aliéné » à sa propre raison d'être ; c'est comme s'il s'enfonçait si obstinément dans la négation du chant qu'il s'y abîme : il y tournoie. C'est le cas par exemple d'une texture tumultueuse, dans un moment de climax de *La Mémoire et l'Inconnu*, réitérant à l'identique les mêmes fusées d'harmoniques aux cuivres[28] : elle est si tournoyante que, pour s'en détourner, la musique a dû recourir à la violence d'un sec coup d'arrêt (cf. Exemple 13).

Exemple 13: flèches tumultueuses d'harmoniques ; La Mémoire et l'Inconnu (partie cuivres)

De plus, étant en guise de négation du Chant-solo, le Déchaînement ne l'est pas seulement de caractère, mais cela concerne au

---

28 Bien qu'une ligne mélodique toute discrète, aux bois, tente en filigrane d'y incorporer un sens directionnel.

premier lieu la substance. On l'a vu, les flèches filantes délient la courbe cyclique et téléologique de Chant-solo, l'arpège émancipe aussi bien le registre que les intervalles. Cela peut aller jusqu'à s'emparer, en l'individuant (l'affranchissant), de l'élément le moins significatif du chant, le plus minimal, pour en faire une matière à occuper l'espace et le temps. C'est le cas par exemple de l'intervalle de seconde mineure, intervalle caractéristique de l'échelle du mode *Hijāz-kār*. En le soustrayant à la ligne modale, le Déchaînement en fait l'ultime élément de sa matière : sous forme de rafale virulente de dyades dans *Les Deux Visages de l'Orient* (cf. Exemple 14) ou, dans *On Love II*, sous forme de broderies disséminées dans l'espace, comme s'il s'agissait de battements affolés (cf. Exemple 15, ou tout le « *Misterioso e frammento* »).

Exemple 14: *rafale virulente de dyades de secondes ; Les Deux Visages de l'Orient (V)*

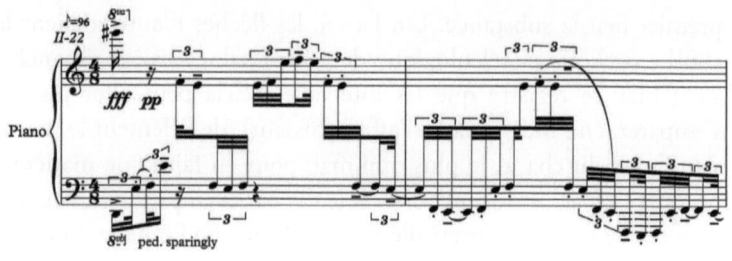

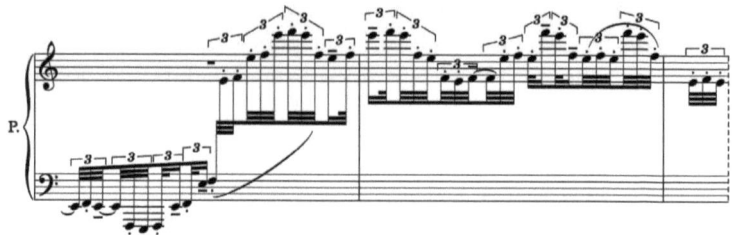

Exemple 15: déchaînement par la même seconde mi-fa ; On Love II (II) (partie piano)

Mais en dénaturant ainsi la matière du Chant-solo, le Déchaînement œuvre à la liquidation de ce qui faisait la consistance même de celui-ci, à savoir : son apparence modale. Il convient à ce propos de rappeler que le matériau modal maqâmique ne saurait être réduit à sa représentation théorique, à savoir son échelle, mais il est spécifié par une sorte de caractère expressif que l'on a coutume d'appeler « *ethos* », disons son apparence spirituelle : « le concept de gamme modale [orientale], écrit Jean During, que l'on pourrait énoncer abstraitement en tant que structure fondamentale d'un genre, ne se trouve que dans ou par les livres ; les modes sont toujours liés à des types mélodiques minimaux et ceux-ci aux intervalles et au *hâl* »[29], le *hâl* étant une notion complexe en lien avec le caractère expressif du mode. Par conséquent, ce caractère, pour

---

29 Jean DURING, *Quelque chose se passe: le sens de la tradition dans l'Orient musical*, Lagrasse, Verdier, 1995, p. 273.

qu'il apparaisse, requiert nécessairement un aspect mélodique qui fait interagir les intervalles de l'échelle tel que celle-ci fut objectivée : l'aspect essentiellement conjoint et polarisé de la monodie orale. Il s'ensuit *a contrario* qu'en renversant la nature de la courbe modale du Chant-solo, le Déchaînement tend à annihiler l'apparence modale. La texture du Déchaînement confine alors à des gesticulations abstraites, car dépourvues du geste modal, quand bien même repose-t-elle « théoriquement » sur une échelle modale supposée.

En somme, homogène et frénétique, le Déchaînement survient comme affranchissement des forces que déployait le Chant-solo dans sa tension au-delà de son identité. Il libère immédiatement l'énergie et engage la texture musicale dans un entrain vivace. Mais, paradoxalement, l'affranchissement s'avère aussitôt liquidation : liquidation de ce qui portait cette force, à savoir l'expression affirmative d'un sujet ; l'apparence modale qui se trouve compromise lors du Déchaînement n'est pas justement sans donner consistance à ce caractère affirmatif. Ce serait peut-être bien ce paradoxe qui ferait tournoyer le Déchaînement dans une pure négation du Chant-solo : une machinerie sans visée pressentie. Du reste, ayant tendance à se réduire à la réitération de gestes abstraits, lesquels, de surcroît, deviennent relativement réguliers, le temps du Déchaînement se vide à mesure qu'il piétine dans l'identique.

3.3- *Suspension*

On retrouve par ailleurs certaines textures dans les œuvres de « synthèse » chez Saed Haddad d'un tout autre caractère. Eu égard à la posture affirmative du Chant-solo, tout comme à l'élan frénétique du Déchaînement, il s'agit de moments pendant lesquels la musique donne l'impression d'un temps suspendu, par trop lent et étiré[30].

---

30 Dans son *Mahler*, parmi les catégories à partir desquelles Adorno pense la musique de Gustave Mahler, y figure la suspension pour laquelle il souligne justement le caractère *étiré* : « La percée, chez Mahler, est momentanée ; les suspensions s'étirent dans le temps, et les accomplissements ont une consis-

Ainsi en est-il d'un certain type de mélodies. Celles-ci sont plus planantes, voire désolées, qu'affirmatives, tant elles sont sobres, étirées et entrecoupées. C'est le cas par exemple du « *suspeso* » (justement !) du deuxième mouvement des *Deux Visages de l'Orient*, ainsi que de tout le quatrième mouvement de la même pièce (cf. Exemple 16). Il convient d'attirer l'attention ici sur le fait que, dans ces deux exemples, la Suspension s'établit après que la musique, plus agitée, s'est brutalement interrompue. Et si l'on examine encore de plus près, on s'aperçoit que ces deux mélodies planantes font explicitement écho au Chant-solo qui les précède, et qui s'est consumé entre temps lors du Déchaînement[31]. Du reste, d'autres occurrences mélodiques, quand bien même ne font-elles pas explicitement allusion à un Chant-solo révolu, n'en renvoient pas moins à cette catégorie première, étant donné à la fois leur caractère languissant ainsi que le contexte subséquent dans lequel elles échoient[32].

Exemple 16: mélodie « planante » ; *Les Deux Visages de l'Orient (IV)*

---

tance thématique propre. » Theodor W. ADORNO, *Mahler, op. cit.*, p. 70.
31 Respectivement les chants amorcés au commencement de la deuxième et de la troisième parties des *Deux Visages de l'Orient*. La correspondance entre le chant suspendu et le Chant-solo réside ici dans la reprise de la mélodie suivant la même échelle modale, soit respectivement celles du *Hijāz-kār/do*♯ et du *Kurd/do*.
32 On peut penser au chant à la trompette dans *La Mémoire et l'Inconnu*, mes. 148-153.

Étant ainsi, ce type de mélodie soutient davantage le caractère suspendu de la musique dans la mesure où celle-ci, le cas échéant, s'avère tendue non pas tant à ce qui est en train d'advenir que vers ce qui s'est déjà passé. C'est comme si, en de tels moments, la musique se livrait à la réminiscence et invoquait plutôt ce qui n'a pu advenir. De fait, elle résisterait au rouleau compresseur de la progression effrénée que déclenche le Déchaînement. Le retour intermittent de bribes frénétiques en pleine Suspension donne en effet à supposer cette antinomie entre Déchaînement et Suspension : c'est comme si la Suspension, si fragile, se laissait par moments ébranler par une force déchaînée, à quoi elle aurait dû résister[33].

Dans la même catégorie de Suspension, on ne saurait manquer de parler d'une espèce de nappe homorythmique (cf. Exemple 17). Il s'agit d'une chaîne d'agrégats, le plus souvent dans le registre grave. Bien qu'ils soient « extraits » d'une échelle modale donnée, les agrégats de la nappe sont constitués de telle sorte que leur sonorité soit rugueuse, ne laissant apparaître aucune atmosphère modale. Aussi, en plus du tempo très lent, le rythme de cette nappe « ténébreuse » (comme l'indique la didascalie) se présente de surcroît irrégulier, ce qui soutient davantage le caractère de Suspension de cet objet : sa temporalité n'excède guère le moment présent, tant elle n'est animée par nulle régularité discernable.

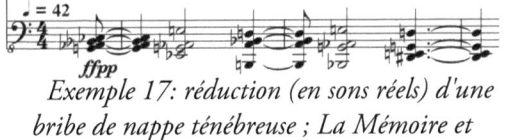

Exemple 17 : réduction (en sons réels) d'une bribe de nappe ténébreuse ; La Mémoire et l'Inconnu, mes. 175-178

Toutefois, bien que d'apparence passive, la fonction que peut adopter la nappe ténébreuse s'avère ambivalente. Tantôt, en

---

33 Ainsi en est-il de la flèche qui fait irruption en plein *Sospeso* dans *Les Deux Visages de l'Orient* (II) (mes. 53). C'en le cas également des bribes souterraines intermittentes, à la clarinette basse, dans *Misterioso* du *On Love I* (mes. 195-222).

congédiant la dynamique musicale dans le registre grave, suivant une texture de surcroît rampante, elle serait justement en guise de répit ; elle s'avère dans ce cas plutôt « passive ». Tantôt, compte tenu de sa texture « lourde », par trop rugueuse, la nappe ténébreuse s'avère diaboliquement force de nivellement, force morbide qui empêcherait le cours musical de retrouver quelque vitalité (cf. Exemple 18) ; elle s'avère ici plutôt « active ».

Exemple 18: Chant-solo contenu par une texture ténébreuse ; La Mémoire et l'Inconnu (parties Cl. Basse et oud)

Dans tous les cas, réminiscente, inerte ou obstruante, ces différentes configurations participent à la mise en suspens du temps musical. Il convient de signaler que, comme c'est souvent le cas, la Suspension s'installe subséquemment à l'agitation suscitée par la contorsion du Chant-solo ou du Déchaînement, comme une sorte de repli. C'est comme si, par là, la Suspension attestait d'une sorte d'impasse à laquelle les processus déployés des deux précédentes catégories seraient vouées à achopper. Toute la question alors est de comprendre comment la musique de Saed Haddad articule dans sa totalité formelle ces trois catégories ainsi établies, catégories comme autant de moments manifestement antinomiques.

4- *La forme : un champ d'interaction non-apaisée*

L'une des particularités de l'organisation globale de la forme chez Saed Haddad, notamment des œuvres de « synthèse », c'est qu'elle est composée de sections distinctes. Ce découpage peut représenter un changement de tempérament – de tempo également – indiqué par des didascalies (*misterioso*, *lirico*, etc.), comme il peut représenter une suite de parties ou mouvements indépendants, indiqués par des chiffres, comme c'est le cas de *On Love II* ou des *Deux Visages de l'Orient*[34].

Si cette organisation préalablement donnée révèle déjà l'aspect fractionné de la forme, elle ne peut toutefois suffire à elle seule pour rendre compte des tensions *immanentes* à la forme, tensions qui s'avèrent génératrices de véritables zones de frictions. On rencontre même certaines dynamiques qui ne se recoupent pas nécessairement avec un tel agencement « extérieur », voire le contredisent[35].

Pour appréhender la forme musicale en tant que champ de tensions, on ne peut donc passer outre le travail visant à saisir les dy-

---

34 Aussi, dans un découpage moins significatif du point de vue formel, des jalons en lettres majuscules indiquent-ils des changements mineurs dans la texture et dans le déroulement de la musique : changement d'échelle modale, changement de mode de jeu instrumental, etc.

35 À titre d'exemples : deux sections dans *La Mémoire et l'Inconnu*, bien que de tempéraments distingués, sont parfaitement adjoints par la même ligne filante au violoncelle (mes. 160) ; aussi, les sections III et IV des *Deux Visages de l'Orient* se présentent plutôt comme une partie adhérente, unité médiatisée par l'affinité entre la mélodie « réminiscente » de la section IV et le Chant-solo à l'amorce de la section III.

namiques et les contradictions en œuvre dans l'immanence du tissu musical. Les trois catégories qu'on a établies s'avèrent alors des outils pour ce faire, dans la mesure où, dans leur interaction, elles rendent compte aussi bien de certaines dynamiques de la forme globale que de certaines problématiques quant à son articulation.

Ainsi, si l'articulation du Chant-solo avec le Déchaînement est pour ainsi dire justifiée en raison de l'affranchissement que réalise celui-ci (cf. *supra*), elle n'en reste pas moins problématique. Car, comme on l'a vu, surgissant comme une sorte de négation du Chant-solo, le Déchaînement paraît comme s'il demeurait ainsi indéfiniment, comme s'il tournoyait dans la négation. Et le problème devient alors celui de savoir comment la musique pourrait dépasser cette sorte d' « impasse de la négation » sans pour autant « oublier » ce qui fut liquidé, ni renoncer à sa propre progression. Une telle situation, manifestement aporétique, donnerait d'ailleurs à comprendre les à-coups qui s'abattent violemment sur la musique pour l'interrompre[36] – chocs abrupts, caractéristiques par ailleurs de la musique de Saed Haddad. En effet, très fréquents, ce sont de tels à-coups qui viennent mettre un terme à la machinerie du Déchaînement. C'est comme si la musique ne trouvait nulles autres solutions pour surpasser cette supposée impasse formelle que de faire appel à une violence « extérieure ». Au demeurant, le processus reste inachevé.

C'est à ce moment-là que la musique semble s'amener dans la Suspension et s'y loger. Toutefois, la transition vers la Suspension s'avère non moins problématique que la précédente. Car, on l'a vu, qu'elle soit réminiscente, inerte ou obstruante, la Suspension est un retrait *de facto* par rapport aux processus qui faisaient l'articulation progressive entre Chant-solo et Déchaînement ; elle est pour ainsi dire un « hors-temps ». Quand elle ne se retourne pas en force ténébreuse et macabre, entravant toute reprise possible de

---

[36] Ainsi, à titre d'exemple, la dyade aigre de seconde mineure qui revient à chaque fois dans *Les Deux Visages de l'Orient*, inopinément et brutalement, marquer une rupture dans la forme. C'est également le cas des gros coups de percussions ou d'agrégats harmoniques dans les pièces à grand effectif.

ce qui reste inaccompli, c'est à peine si elle regarde de bien loin, désolée et impuissante, vers ce qui fut broyé et anéanti. Dans tous les cas, la Suspension ne fait que suspendre – dans le sens « différer » – une situation déjà entérinée : l'inachèvement d'une dynamique qui se voulait à la base progressive. D'ailleurs, cette situation est souvent tranchée par les violents à-coups qui reviennent lui mettre fin, cette fois-ci de manière irrévocable. Ainsi la boucle est bouclée.

En somme, tournant autour d'une figure première de Chant-solo, la forme musicale chez Haddad est polarisée par le devenir de celui-ci. Mais si tant est que ce devenir soit déterminé selon l'articulation logique des trois catégories établies, la progression formelle encourt potentiellement un état d'inachèvement. Le cas échéant, on se trouve face à une situation close, souvent abruptement, constituant par là ce que l'on peut désigner par « épisode ». Dès lors, la musique qui se doit de continuer sa progression se voit confrontée au problème de la totalité que soulève ce moment de fracture : comment passer à tout autre chose sans oublier pour autant ce qui demeure inachevé. La solution que trouve la musique de Haddad pour résoudre cette quadrature du cercle n'est pourtant pas surprenante : il ne s'agit de rien d'autre que de retrouver la figure du Chant-solo, tout simplement. Ainsi la forme globale est structurée sous forme d'épisodes au sein desquels le Chant-solo chaque fois éclot et se frelate, voire se dissout. *Le Contredésir* en donne l'exemple le plus illustratif :

- *Épisode 1* :
  1. Chant-solo (trois séquences interrompues) : mes. 1-95 ;
- *Épisode 2* :
  1. Chant-solo : mes. 96-135 ;
  2. Déchaînement : mes. 136-154 ;
- *Épisode 3* :

1. Chant-solo : mes. 164-200 ;
2. Déchaînement : mes. 200-214 ;
3. Suspension (avec un très bref Déchaînement comme ultime geste : mes. 231) : 216-230.

Conclusion en guise de problématique

Présentée de cette manière, la totalité formelle chez Saed Haddad laisse croire que la musique revient au même, qu'elle tourne en boucle. On a l'impression que les épisodes qui se succèdent, quand bien même sont-ils distingués par les différences de leur caractère, du matériau modal employé et de leur agencement interne, n'en sont pas moins identiques dans le fond en tant que processus : exposition, puis transfiguration et ensuite liquidation d'une figure de Chant-solo labile et toujours changeante lorsqu'elle resurgit. On pourrait même penser que l'identité processuelle des épisodes est, justement, renforcée par le fait même qu'ils soient si distincts, différence et identité à la fois qui les rendent presque interchangeables dans leur succession.

Toutefois, il n'en est pas tellement ainsi. Cette structure cyclique n'est pourtant pas si infernale que cela ; la musique n'est pas à ce point oublieuse de soi, fût-elle abruptement fractionnée. Dans le retour identique du même, quelque chose se poursuit, un processus unitaire, faisant adjoindre le passé avec ce qui advient, soutient la cohérence de l'œuvre dans sa totalité. *Les Deux Visages De L'Orient*, pièce pour violon solo, en donne l'exemple le plus typique. En effet, dans la succession des quatre épisodes constituant la pièce, dans ce retour du même, quelque chose se poursuit : il ne s'agit de rien d'autre que du changement de la nature même du Chant-solo lorsqu'il revient à l'amorce de chaque épisode :

- *Épisode 1* (section I) : lyrique et cantillatoire (temps lisse) ;
- *Épisode 2* (section II) : éclaté, dédoublé, commencement du striage rythmique :

- *Épisode 3* (sections III et IV) : encore plus émietté, mais cette fois-ci rigoureusement soumis au striage rythmique ;
- *Épisode 4* (section V) : n'est plus à l'amorce de l'épisode ; il y revient plus tard de manière éphémère.

Ce qui sous-tend donc la médiation des quatre épisodes, c'est bien ce changement progressif de la nature du Chant-solo qui ainsi en fonde le devenir. Mais ce n'est là que le devenir de sa propre « dépravation », de la « perversion » que lui font subir les forces du striage temporel, lesquelles le dépersonnalisent, voire le consument. Il s'agit donc bien d'une expérience qui remplit le temps et maintient ce faisant la durée globale. Mais, dans ce cas, ce serait un type bien particulier d'expérience : une expérience de la chute de l'expérience, à savoir le processus du déclin d'un sujet affirmatif que porterait la dynamique de la figure centrale du Chant-solo.

De la liquidation et de quelques autres catégories analytiques et compositionnelles chez Arnold Schoenberg

Yann Boivin-Landry

La « liquidation » constitue une catégorie décisive de la théorie de la composition d'Arnold Schoenberg ; la liquidation est la fonction de dé-caractérisation du matériau qui permet d'amorcer la transition d'une idée musicale à une autre, de créer les conditions permettant l'introduction de nouveaux éléments thématiques dans le processus de « variation développante » qui engendre l'œuvre. Autrement dit, la liquidation est ce qui permet à la composition une sorte de respiration, en insérant entre ce que Schoenberg appelle des « formations stables » ce qu'il appelle par ailleurs des « formations relâchées », c'est-à-dire des passages dans lesquels les figures motiviques caractéristiques – les *gestalten* –, précédemment agencées en thèmes ou mélodies, se trouvent prises dans un mouvement qui les dissocie les unes des autres, allant parfois jusqu'à les dissoudre en figures neutres telles que gammes et arpèges. Après avoir examiné les différentes définitions données par Schoenberg de la liquidation, puis nous être penchés sur l'illustration que le compositeur en donne dans le premier mouvement du *Quatuor des « dissonances »* de Mozart, nous proposons d'observer le fonctionnement de la liquidation dans une œuvre de Schoenberg lui-même, dans la *Deuxième symphonie de chambre*, où le potentiel liquidatif des progressions harmoniques de type cadentiel est exploité d'une manière à la fois exemplaire et novatrice.

1. Inscription dans la problématique globale de la forme

Notre discussion autour de quelques-unes des catégories analytiques et compositionnelles proposées par Arnold Schoenberg dans différents textes théoriques gravitent autour de la notion de forme, catégorie suprême de la pensée musicale du compositeur autour de laquelle s'ordonne ce que Carl Dahlhaus a appelé une « théologie esthétique »[1] ; Schoenberg se réfère en effet explicitement au « Divin modèle », à la Création, dans laquelle « inspiration et perfection, désir et matérialisation, volonté et accomplissement » interviennent « spontanément et simultanément ».

> Dans la divine création, aucun détail ne fut laissé à parfaire: « la lumière fut » à l'instant même, et dans son ultime perfection. Mais hélas les créateurs terrestres auxquels le don de vision a été accordé ont encore un long chemin à faire entre la vision et l'accomplissement; un long chemin sur lequel, chassés du Paradis, les hommes de génie eux-mêmes ne peuvent moissonner qu'à la sueur de leur front. C'est hélas une chose que d'être touché par la grâce dans l'instant d'une inspiration créatrice et une autre chose que d'être capable de matérialiser sa vision en assemblant laborieusement détails sur détails jusqu'à ce qu'ils se fondent en une sorte d'entité. Et aurait-on réalisé une entité, homuncule ou robot, qui ait conservé quelque chose de la spontanéité de la vision, il restera encore à structurer une forme si l'on veut transmettre un message compréhensible « à tous ceux que cela peut concerner »[2].

Ainsi, depuis la Chute, l'homme se serait trouvé pris en étau entre ce que Schoenberg a subsumé sous les concepts d'« idée » et de « style ». L'artiste authentique est au demeurant celui qui se tient au plus près de sa vision, de son inspiration, qui la trahit le moins possible, « comme Michel-Ange, qui sculpta son *Moïse* dans

---

[1] Cf. Carl DAHLHAUS, *Schoenberg: essais*, Genève Mésigny, Contrechamps éd, 1997, p. 255.
[2] Arnold SCHOENBERG, *Le Style et l'idée*, traduit par Christiane de LISLE, Paris, Buchet-Chastel, coll. « Musique », 1977, p. 162.

le marbre sans esquisses, avec tous les détails, *formant* ainsi directement son matériau »³. A un niveau plus concret, quoiqu'encore esthétique et pas encore directement technique, la forme implique chez Schoenberg la présence d'une organisation, au sens biologique du terme.

> Au sens esthétique, le mot forme désigne une pièce *organisée*, c'est-à-dire dont les éléments fonctionnent comme ceux d'un organisme vivant. Sans organisation, la musique serait une masse amorphe, aussi incompréhensible qu'un essai dépourvu de ponctuation, aussi décousue qu'une conversation passant constamment du coq à l'âne. Les exigences fondamentales préalables à toute création d'une forme intelligible sont la *logique* et la *cohérence*. La présentation, le développement et l'enchaînement des idées doivent en effet être fondés sur des relations. Et les idées doivent être différenciées suivant leur importance et leur fonction⁴.

Dans cette perspective, la difficulté majeure devant laquelle se trouve le compositeur réside dans le fait de déployer dans le temps les différents aspects de l'œuvre telle qu'il en a eue l'intuition théorique ; c'est-à-dire que le compositeur doit définir la forme de l'œuvre, cette forme devant être la plus apte possible à rendre l'idée musicale accessible à l'intelligence de l'autre (interprète, auditeur). Lier des idées musicales entre elles ; Schoenberg n'a selon lui-même jamais eu d'autre but. Aussi Schoenberg souligne-t-il on ne peut plus clairement l'importance du choix des « conjonctions » garantissant la fluidité et, plus profondément, la logique du discours – discours qui, chez Schoenberg, repose essentiellement sur le principe de variation.

> La fluidité du discours dépend en grande partie du bon choix des conjonctions, tant en littérature qu'en musique, quoique la simple juxtaposition fasse l'affaire dans grand nombre de cas [...].

---

3 Arnold SCHOENBERG, *Fondements de la composition musicale*, traduit par Dennis COLLINS, Paris, J.-C. Lattès, coll. « Musiques & musiciens », 1987, p. 1. (Traduction modifiée par nous.)
4 *Ibid.*

> La tonalité et le rythme assurent à la musique un minimum de cohérence, la variation pourvoit à tout ce qui est grammaticalement nécessaire. Je définis la variation: l'art de modifier certains des facteurs d'un ensemble sans toucher aux autres. Ces modifications ont pour effet de faire disparaître quelques-unes des obligations qui découlaient de l'exposé et d'introduire éventuellement de nouveaux éléments qui établiront peu à peu les caractères de l'idée suivante. Le maintien de certains facteurs d'unité conserve à l'ensemble sa démarche logique; la fluidité du discours est liée à l'absence ou à la présence de conjonctions[5].

Les modifications engendrées par la variation revêtent diverses fonctions, parmi lesquelles la « liquidation » (*Auflösung*), catégorie centrale quant à notre propos et que Schoenberg met d'ailleurs immédiatement en avant.

> L'une des fonctions les plus importantes assurée par [la variation] est la fonction de *liquidation*. En introduisant un élément nouveau (un au moins) qui marque nettement que la section en cours va se terminer, on prépare l'auditeur à recevoir l'idée qui va suivre comme un événement admissible sinon nécessaire. On pousse parfois la liquidation jusqu'à éliminer complètement tous les éléments caractéristiques du passage "ancien" et il n'est pas surprenant que l'arrivée d'un contraste, même extrêmement violent, n'entraîne alors aucune rupture d'équilibre. C'est comme si tout recommençait à nouveau. Une liquidation peut toutefois, à un endroit ou à un autre, arrêter le processus d'élimination pour commencer d'introduire et de développer des idées nouvelles. Elle s'est alors changée en transition. Une *transition* doit avoir sa raison d'être. À la manière d'un pont elle assure le passage d'une rive à une autre. Et il pouvait exister entre les deux rives un abîme excluant toute communication[6].

La définition donnée ici par Schoenberg, bien que déjà éclairante eu égard à la nature du processus qui caractérise la liquidation, est assez large et peut-être encore imprécise quant à la frontière d'avec la transition – dont la liquidation est effectivement pa-

---

5   Arnold SCHOENBERG, *Le Style et l'idée, op. cit.*, p. 223.
6   *Ibid.*

rente, mais avec laquelle elle ne se confond pas. On peut cependant compléter utilement cette première définition par celle proposée par Patricia Carpenter et Severine Neff dans le commentaire du manuscrit de Schoenberg intitulé, dans la traduction anglaise, *The musical idea and the logic, technique and art of its presentation* (1934,1936).

> Liquidation is mainly a motivic procedure. Its function is to "neutralize the obligations" of previous material, by gradually depriving the motive forms of their characteristic features and dissolving them into uncharacteristic forms, such as scales and broken chords. It may combine with a cadential harmonic progression to delimit a theme or section, or with a modulatory progression to function as a transition[7].

Cette deuxième définition met plus spécialement en relief l'aspect neutralisant de la liquidation, dont l'action ne participe pas tant de l'introduction de nouveaux éléments – c'est plutôt le rôle de la transition à proprement parler – que d'un processus de dé-caractérisation du matériau, où des figures motiviques précédemment associées en groupes thématiques sont dissociées les unes des autres et, à la limite, ramenées à l'état de gammes et d'arpèges – soit, dans un contexte tonal, du matériau à l'état brut. C'est bien ce que souligne Schoenberg lui-même lorsqu'il parle de liquidation (ou de « dissolution ») comme d'une façon d'« effacer l'ardoise », de retourner à un support neutre – plus radicalement encore, en deçà de la gamme ou du pur chromatisme, le moyen le

---

[7] Arnold SCHOENBERG, *The musical idea and the logic, technique, and art of its presentation*, traduit par Patricia CARPENTER et Severine NEFF, Bloomington (Ind.) Indianapolis, Indiana University Press, 2006, vol. 1, p. 53 : « La liquidation est principalement une procédure motivique. Sa fonction est de « neutraliser les obligations » du matériau précédent, en privant graduellement les formes motiviques de leurs traits distinctifs, les dissolvant en formes non-caractéristiques telles que gammes et accords brisés. Elle peut également être combinée avec une progression harmonique cadentielle pour délimiter un thème ou une section, ou bien encore avec une progression modulante pour fonctionner comme transition. »

plus sûr d'opérer une liquidation est le silence ; un fait dont, comme le souligne par ailleurs Schoenberg, Beethoven ou Bruckner avaient par exemple parfaitement conscience[8].

> Dissolution is the exact opposite of establishment, <u>stable formation</u>, <u>characterization</u>. If in those processes, the aim is, through variation of the grundgestalten, to bring their <u>characteristics</u> into view as sharply as possible, <u>to connect as intimately</u> as possible the individual gestalten with each other, and to maintain at a high level the <u>tension</u>/(activity) between the parts, then in <u>dissolution</u> the most important thing is to let go as quickly as possible of everything <u>characteristic</u>, to allow tensions to ebb, and so to neutralize the obligations of the earlier gestalten as to <u>liquidate</u>, so that a clean slate, so to speak, is effected, providing the possibility for something different to come forward. – If, further, the <u>tendency</u> of the stably formed is <u>concentric</u>, that of dissolution is <u>eccentric</u>. In other words, while in stable formation all motivic forms strive to present the main tendency of the grundgestalten vividly, intelligibly and characteristically, and all harmonies revolve around the tonic, in dissolution all motivic transformations strive to paralyze the tendency of the grundgestalten, and the harmony strives away from the tonic[9].

---

8 Arnold SCHOENBERG, *Le Style et l'idée*, *op. cit.*, p. 223.
9 Arnold SCHOENBERG, *The musical idea and the logic, technique, and art of its presentation*, *op. cit.*, p. 175: « La dissolution est l'exact opposé de l'instauration, de la <u>formation stable</u>, de la <u>caractérisation</u>. Si dans ces derniers processus le but est, à travers la variation des *grundgestalten*, de mettre en évidence leurs <u>caractéristiques</u> aussi précisément que possible, <u>de connecter le plus intimement</u> possible les *gestalten* individuelles les unes avec les autres et de maintenir à un haut niveau la <u>tension</u>/(l'activité) entre les parties, dans la <u>dissolution</u>, la chose la plus importante est de se débarrasser le plus vite possible de tout ce qui est <u>caractéristique</u>, de permettre aux tensions de baisser, de sorte à neutraliser les obligations des *gestalten* précédentes ainsi qu'à <u>liquider</u>, de façon à, pour ainsi dire, effacer l'ardoise, fournissant la possibilité à quelque chose de différent de s'avancer. – Si, plus avant, la <u>tendance</u> du formé stable est <u>concentrique</u>, celle de la dissolution est <u>excentrique</u>. Autrement dit, tandis que dans la formation stable toutes les formes motiviques s'efforcent de présenter de la tendance principale des *grundgestalten* de manière éclatante, intelligible et caractéristique, et que toutes les harmonies tournent autour de la tonique, dans la dissolution, toutes les transformations motiviques s'efforcent de paralyser la tendance des *grundgestalten*, et l'harmonie s'arrache à la to-

1.1 « *Formation stable* » et « *formation relâchée* », *gestalten* et *grundgestalten*

Le propos de Schoenberg dernièrement cité met en jeu un certains nombres de catégories connexes qui demandent également des éclaircissements ; il s'agit d'abord de l'alternative « formation stable/formation relâchée » (*feste Formung/aufgelöste Formung*[10]), dont Neff et Carpenter soulignent l'importance fondamentale.

> Schoenberg's most basic shaping principle is the contrast between stable and loose formation. Stable formation is the establishment of a theme. The gestalten are not extensively developed but are presented so as to be impressed on the memory. Parts show a concentric tendency. A connection is loose if the parts show an eccentric tendency and are capable of a certain amount of independent motion. This polarity functions on all levels of form, distinguishing exposition and elaboration sections, for example, or shaping the elaboration section itself, or articulating a form as the scherzo[11].

Il s'agit en outre de définir ce que Schoenberg et, à sa suite, Carpenter et Neff entendent par *gestalt*. On remarquera que, dans

---

nique. »
10 Littéralement : « formation ferme/formation dissoute ». Nous sommes plutôt partis de la traduction anglaise *stable formation/loose formation*, qui nous a semblé plus parlante.
11 Arnold SCHOENBERG, *The musical idea and the logic, technique, and art of its presentation*, *op. cit.*, p. 49: « Le principe de Schoenberg le plus élémentaire quant à la structuration de la forme est le contraste entre formation stable et formation relâchée. Une formation stable est l'établissement d'un thème. Les *gestalten* ne sont pas beaucoup développées mais sont présentées de manière à être imprimées dans la mémoire. Les parties présentent une tendance concentrique. Une connexion est relâchée si les parties montrent une tendance excentrique, si elles sont capables d'une certaine indépendance dans leurs mouvements. Cette polarité fonctionne à tous les niveaux de la forme, en distinguant par exemple entre sections d'exposition et sections de développement, ou en façonnant la section de développement elle-même, ou bien encore en articulant une forme telle que le scherzo. »

un contexte anglo-saxon, le terme allemand n'est pas traduit et le fait est que Schoenberg lui-même, dans ses écrits américains, l'utilise tel quel. En français, *gestalt* correspondrait plus ou moins à l'idée de figure, quelque part entre le motif et le thème, Schoenberg caractérisant plus précisément une *gestalt* comme une « chaîne de motifs » (*motive chain*) contenant au moins un dessin d'intervalles et/ou rythmique frappant[12].

2. Exemple de liquidation dans le Quatuor des « dissonances » de Mozart

S'agissant d'illustrer la liquidation, Schoenberg a recours au célèbre *Quatuor à cordes en Do majeur* op.10 n°6 de Mozart, « Les dissonances ». Plus précisément, Schoenberg analyse dans le premier mouvement la transition du thème principal au thème secondaire (figure 1) – un passage que Schoenberg considère comme « l'un des plus parfaits exemples de variation développante »[13], de ce principe compositionnel essentiel que Schoenberg a le plus souvent déduit de la pratique compositionnelle de Brahms, mais qui lui semblait plus généralement être le principe même de toute la musique homophonique (classique et romantique).

Schoenberg prend le premier mouvement après l'adagio introductif, au départ du premier thème (mesure 23), en redémarrant à zéro la numérotation des mesures. Il va ainsi jusqu'aux deux premiers temps de la mesure 56 (mesure 34, dans la numérotation de Schoenberg), soit jusqu'au départ du thème secondaire. Dans leur commentaire de l'analyse de Schoenberg, Carpenter et Neff découpent l'extrait comme suit[14] :

- m. 1-8 (23-30 dans la partition originale), exposé du thème (*statement*);

---

12 *Ibid.*, p. 129.
13 *Ibid.*, p. 53.
14 *Ibid.*, p. 53-60.

- m. 9-22 (24-44), répétition variée ;
- m. 22-33 (44-55), transition ;
- m. 34 (56) *sq.* thème secondaire.

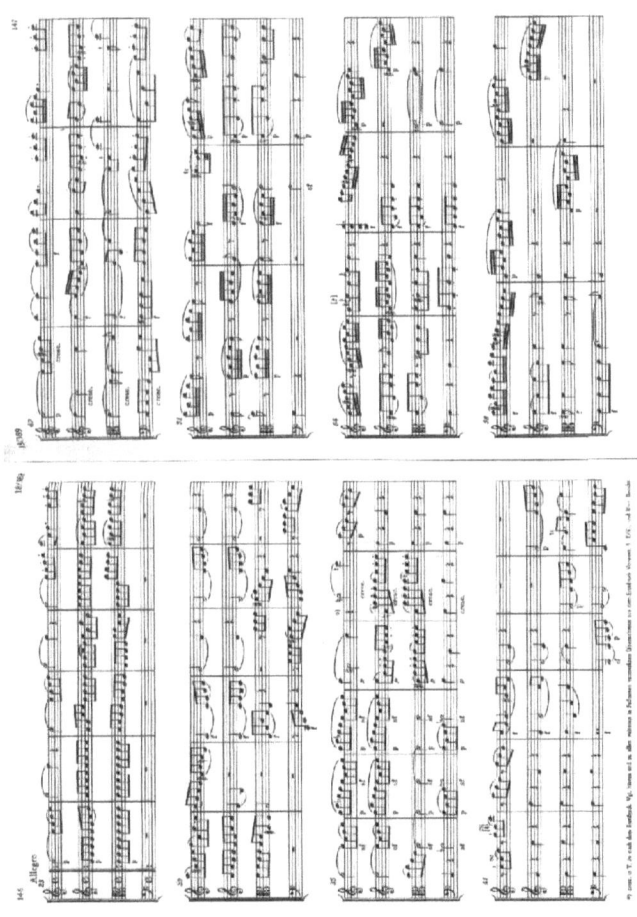

Exemple 1

Des deux premières mesures[15], Schoenberg dégage une *grundgestalt*, une « *gestalt* fondamentale » qu'il nomme « la quinte et la quarte », figure caractéristique du thème principal que le processus de liquidation va évacuer au profit de l'intervalle de tierce, quant à lui caractéristique du thème secondaire[16].

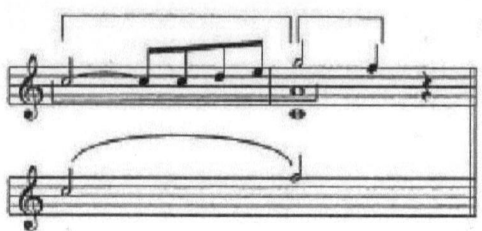

Exemple 2

Quatre intervalles caractéristiques sont dégagés par Schoenberg de cette figure ; outre la quinte et la quarte – mise en relief sur une deuxième portée – la tierce mineure descendante *do-la* et la seconde majeure descendante *sol-fa*. Une première partie du passage, qui comprend l'exposition du premier thème et sa répétition variée, peut être découpée comme suit :

- m. 1-4, forme tonique et forme dominante ;
- m. 5-9, réductions ;
- m. 9-12, répétition ;
- m.13-22, répétition.

Dans ce thème, Schoenberg pointe trois caractères motiviques (figure 3) :

---

15 Mozart, Wolfgang Amadeus (1991), *Werksausgabe in 20 Bänden ; Band 18 : Kammermusik II*. Kassel : Bärenreiter Verlag, p. 146-147.
16 Arnold SCHOENBERG, *The musical idea and the logic, technique, and art of its presentation, op. cit.*, p. 56.

- Le motif **a**, qui correspond aussi bien au mouvement diatonique ascendant de quinte/quarte (*do-ré-mi-sol/fa*) qu'à la levée (blanche liée à croche, croche) ;
- Le motif **b**, qui correspond à la sixte mineure descendante, au rythme iambique (brève-brève-longue) et, encore une fois, à la syncope (noire pointée) ;
- L'appogiature chromatique **x**, harmonisée en tierces[17].

Exemple 3

Schoenberg relève, dès les mesures 7 et 8, deux « formes liquidatives » (*liquidating forms*) du motif a, lequel est alors presque transformé en gamme. Mesures 16-17, Schoenberg considère également l'augmentation rythmique du motif b comme une forme liquidative – l'étirement dans le temps rend le motif moins caracté-

---

17 *Ibid.*, p. 57.

ristique. Mesures 18-21, les traits caractéristiques de la *grundgestalt* (« la quinte et la quarte ») sont définitivement liquidés en vue de la cadence.

Puis, à la mesure 22, une transition commence (figure 4) ; les *gestalten* du premier thème sont liquidées. Ceci est particulièrement sensible mesure 27, où le motif b a remplacé la désinence que constituait dans a la quinte et la quarte, en réutilisant toutefois les tierces de la quinte.

Les double-croches de la mesure 28 sont une variation ornementale du même principe, préfigurant par la même occasion le thème secondaire (gamme en tierces ascendantes sur un rythme de double-croches, mesure 35). Ceci devient encore plus clair mesure 29, lorsque, la syncope liquidée – dernier vestige du thème principal –, ne reste plus que le jeu des double-croches en tierces qui prolifèrent, accompagné par une diminution de l'accompagnement en broderie chromatique de la mesure 6 – le placement rythmique aussi a changé : précédemment sur temps fort, maintenant sur temps faible.

Enfin, mesures 31-33, des bribes de gammes ascendantes en Ré majeur fusent qui, tout en conduisant vers le thème secondaire en Sol majeur, préparent la transformation le l'intervalle de quinte ascendante dans le thème secondaire[18].

---

18 *Ibid.*, p. 58.

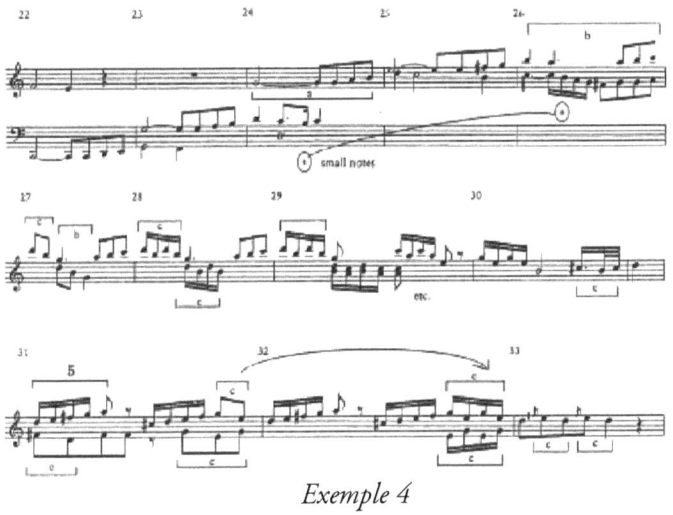

Exemple 4

3. Des cadences dans la Deuxième symphonie de chambre de Schoenberg

Comme nous avons eu l'occasion de le souligner à travers les propos de Patricia Carpenter et de Severine Neff, et comme le montre également l'exemple choisi par Schoenberg chez Mozart, la fonction de liquidation peut être associée à une progression harmonique cadentielle, à une « cadence » – formule mélodique et harmonique plus ou moins convenue de ponctuation. L'association de la liquidation et de la cadence pourrait paraître antinomique dans la mesure où le caractère centripète de la liquidation semble contredire le caractère plutôt centrifuge de la cadence qui, généralement, se distingue des autres moments de la composition par une accélération du rythme harmonique et par une synchronisation resserrée des éléments motiviques-thématiques. Cependant, la tendance des *gestalten* à épouser la forme de gammes ou d'arpèges au moment de la cadence participe bien du processus de dé-caractérisation typique de la liquidation.

Nous voudrions donner de cette coïncidence de la liquidation et de la cadence un exemple chez Schoenberg même, dans sa *Deuxième symphonie de chambre* opus 38, œuvre commencée en 1906 et achevée en 1939, avec laquelle le compositeur renouait officiellement, après plus de trente années d'atonalité libre et de dodécaphonisme, avec la tonalité – un retour complexe dont le trait le plus caractéristique est sans doute, comme l'a justement souligné Charles Rosen, la réintroduction de ces formules cadentielles dont l'abandon avait constitué, vers 1908, le véritable acte révolutionnaire de Schoenberg, bien plus que le recours au total chromatique[19].

Le processus que nous évoquons est particulièrement remarquable dans le premier des deux mouvements de la symphonie, un *adagio* scandé par une séquence cadentielle qui réapparaît à chaque fois variée et développée, comme s'il s'agissait d'un thème – ou, plutôt, d'un anti-thème. Nous montrons ci-après, dans sa forme originale et dans ses variantes, ladite séquence cadentielle, une « cadence liquidative » dirions-nous, tel que dans la version pour deux pianos de la symphonie (figures 5, 6, 7 et 8)[20].

Exemple 5: cadence parfaite

---

19 Charles Rosen, *Schœnberg*, traduit par Pierre-Étienne Will, Paris, Éd. de Minuit, coll. « Collection Critique », 1979, p. 33.
20 Cf. Arnold Schoenberg, *Werke für Orgel ; Werke für zwei Klaviere zu vier Händen ; Werke für Klavier zu vier Händen*. Mayence : Schott Music, 1973.

Exemple 6: cadence évitée

Exemple 7: cadence modulante

Exemple 8: demi-cadence

Il nous semble que cette séquence cadentielle, de par son caractère quasi thématique et les variations dont elle fait l'objet en tant que telle, assume une fonction articulatoire qui ne ressortit pas seulement, comme traditionnellement, au domaine de la ponctuation musicale, mais également à celui de la liquidation – à cette catégorie compositionnelle par laquelle Schoenberg désigne un procédé de dé-caractérisation du matériau permettant l'émergence de nouvelles figures, d'une nouvelle idée. Et l'on voit ce procédé à l'œuvre jusque dans la cadence finale du mouvement (figure 11[21]), où les *grundgestalten*, sans être tout à fait dé-caractérisées, apparaissent dissociées des thèmes desquels elles participaient précédemment – il s'agit de cette figure qui apparaît d'abord, mesure 161, à la première clarinette, puis aux premiers violons (mesure 162), aux violoncelles (mesure 163) et aux contrebasses (mesure 164), et, par ailleurs, de la figure qui apparaît mesure 163 à la flûte ; deux figures issues des deux thèmes principaux de la symphonie (figures 9 et 10).

Exemple 9: thème 1

Exemple 10: thème 2

---

21 Schoenberg, Arnold (1952). *II. Kammersymphonie*. Vienne : Philharmonia (Universal Edition), p. 24.

Exemple 11: cadence finale premier mouvement

Dans le deuxième mouvement (*con fuoco*), les cadences sont moins stéréotypées ; elles relèvent moins d'une pratique quasi citationnelle que d'une véritable invention – encore que la cadence finale de la symphonie soit une réplique presque exacte de celle qui, une trentaine d'années plus tôt, concluait le troisième mouvement du *Deuxième quatuor* opus 10 (œuvre déterminante dans laquelle Schoenberg mettait en scène le passage du style tonal au style atonal). Il s'agit alors généralement de grands accords qui mobilisent la quasi totalité de l'orchestre, plus ou moins étirés dans le temps et progressant par mouvements contraires. Un bon exemple s'en trouve à la frontière de l'exposition et du développement de la forme sonate que tend à constituer le mouvement (figure 12), où l'on voit les vents décrire un fragment de gamme (la - si - do dièse - ré aux parties extrêmes) et où la tête du thème principal du mouvement (figure 13) est dé-caractérisée par le fait qu'elle est réduite à un fragment de gamme/arpège d'un accord de dominante.

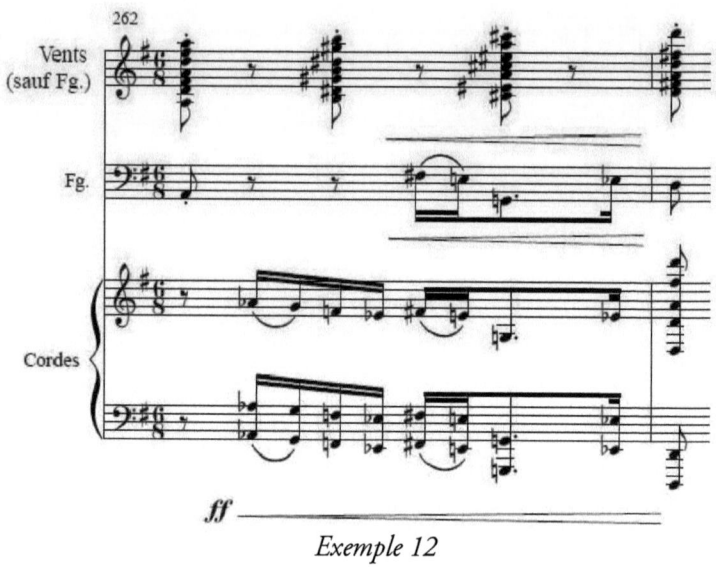

Exemple 12

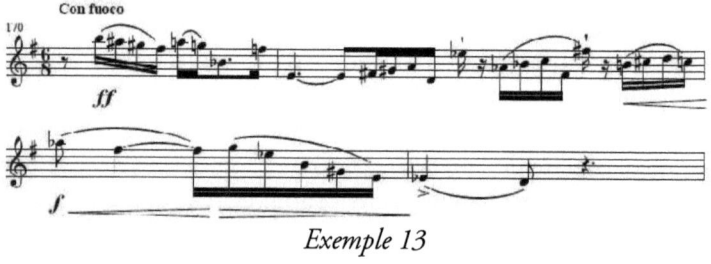

Exemple 13

Enfin, c'est peut-être dans les dernières mesures de la symphonie que s'exprime le plus parfaitement la fonction liquidative de la cadence, lorsque, au terme d'un *fugato* monumental, l'une des *grundgestalten* de la symphonie s'enroule sur elle-même dans une chute admirablement orchestrée, pour finir par se dissoudre, ou plutôt se figer, dans un lourd mouvement de reptation (figure 14).

Nous nommons la *grundgestalt* en question « motif de quartes chromatiques descendantes » ; ce motif, issu du deuxième thème du premier mouvement (*cf.* figure 10, mesure 18), juxtapose les quintes *la - mi* et *mi bémol - si bémol*, quintes qui valent respectivement pour les tonalités de La mineur et de Mi bémol mineur – antipodes tonaux dont la confrontation constitue la problématique harmonique pincipale de la symphonie (Mi bémol étant le ton principal et, La mineur, une sorte de « super dominante »).

Le principe de liquidation est ici idéalement réalisée, non seulement à travers la répétition du motif en quartes – répétition qui tend à effacer le caractère thématique du motif, le réduisant à une sorte de série présentée sous sa forme la plus sommaire –, mais aussi, à partir de la mesure 476, la liquidation s'opère par la fragmentation rythmique qui désagrège littéralement le motif, avant que la musique cède la place au silence – forme à la fois primaire et absolue de la liquidation.

Exemple 14

Soulignons enfin que la répétition du motif de quartes montre une structure en deux groupes de trois fois quatre sons, soit, virtuellement, deux fois douze sons, et que cette répétition s'articule autour des deux polarités tonales, de « dominante » à tonique – en partant de *la,* puis en partant de *mi bémol* (figure 14). Cette configuration met bien en évidence la fusion réalisée par Schoenberg dans la *Deuxième symphonie de chambre* du principe tonal de la cadence d'une part, du principe dodécaphonique de l'harmonie complémentaire d'autre part – car les harmonies de Mi bémol et de La, dans leur relation antithétique de triton, symbolisent aussi le principe de complémentarité, en représentent l'essence même.

Le fait que cette synthèse virtuose se révèle pleinement dans le mouvement d'une cadence éminemment liquidative n'est pas fortuit ; cela dit quelque chose de l'importance que Schoenberg accordait à cette fonction précise de la variation qu'est la liquidation, qui permet à quelque chose de nouveau de s'avancer. Or, à l'échelle de la carrière de Schoenberg, ce quelque chose de nouveau à quoi ouvre la *Deuxième symphonie de chambre*, avec son travail prodigieusement raffiné de variation et plus particulièrement, donc, de liquidation, c'est au style tardif du compositeur – par-delà tonalité, atonalité et dodécaphonisme.

La musique de Mariano Etkin. Une perspective critique

Federico Monjeau

Cette présentation est centrée sur la musique du compositeur argentin Mariano Etkin (Buenos Aires, 1943), l'une des voix les plus originales et puissantes de la scène latino-américaine des trente dernières années. Ce parcours à travers la musique et l'importante production théorique du compositeur sera forcement sélectif, cherchant à mettre en évidence une perspective de progrès et à promouvoir une discussion sur les relations problématiques entre musique, identité et idéologie.

Avant de parler d'Etkin, il est nécessaire de faire une brève introduction sur la musique moderne en Argentine. À la différence par exemple de la musique savante au Brésil, très liée à la musique populaire, la musique savante en Argentine a été assez centrée sur elle-même, sans que cela n'ait fermé les débats autour du propre et de l'étranger, des influences argentines ou européennes, en ce qui concerne les matériaux et les traditions musicales. La musique argentine de la deuxième moitié du XXe siècle n'a pas non plus été étrangère à la crise du concept moderniste de matériau, crise qui s'est généralisée dans les années 60 lorsque l'idée d'un matériau en évolution constante est entrée définitivement en crise. Ce concept était fortement ancré dans la philosophie de la musique de Theodor Adorno. Rappelons qu'Adorno avait forgé le concept de matériau à la lumière de l'expérience de Schoenberg et de la musique atonale. Comme le remarque Adorno dans un passage de sa *Théorie esthétique*, « le concept de matériau ne pouvait devenir conscient que dans les années 1920 », seulement après l'expérience de l'atonalisme. Pour Adorno, le matériau historique de la musique était presque coupé en deux : le tonal et l'atonal. Mais, après plusieurs décennies de musique atonale, ce concept était périmé, inopérant, incapable de fonder un jugement critique ou esthétique.

Au-delà de l'enthousiasme que l'orthodoxie minimaliste, ou des auteurs comme Terry Riley, Philip Glass ou La Monte Young, peuvent ou non susciter, on peut affirmer qu'il y avait dans ces œuvres un élément de critique légitime au principe de progrès et de transformation constante qui est à la base de la musique occidentale, en particulier dans le sérialisme. La *Sinfonia* de Luciano Berio, en 1968, proposait aussi une réinterprétation profonde du concept traditionnel de matériau : son extraordinaire système de citations musicales, de Bach à Boulez, peut être lu comme une métaphore de la disponibilité totale des matériaux, comme si toute l'histoire de la musique formait partie des matériaux disponibles de la musique.

Les musiciens argentins ont été très réceptifs à cette métaphore de la disponibilité des matériaux, entre autres parce qu'elle permettait de réinterpréter la dialectique entre les influences nationales et étrangères avec une entière liberté. Le programme fragmentaire de la *Sinfonia* de Berio a pu représenter le modèle d'un système de composition ironique. Pour beaucoup de compositeurs argentins, la citation musicale a symbolisé l'appropriation d'une tradition européenne ; comme si la tradition se trouvait tout d'un coup devant nous, telle une encyclopédie ouverte dans laquelle on pourrait entrer en toute liberté.

Dans la musique argentine, ce système de composition ironique est représenté notamment par Gerardo Gandini et Antonio Tauriello. Gandini a été pionnier en la matière. Déjà en 1967, avec sa pièce *Piange e sospira*, basée sur un madrigal de Monteverdi, le musicien a commencé à développer ces opérations d'appropriation qui seront bientôt qualifiées par la critique musicale de « déconstruction ». Pour Gandini, ces premières opérations avec le matériau s'affirmaient aussi par opposition : elles ne cherchaient pas revendiquer une tradition, mais à éviter les lieux communs dans lesquels la musique contemporaine était tombée après le pointillisme sériel. Ces opérations offraient aussi un contrepoids à la rationalisation progressive des matériaux musicaux. « Le nouveau, déclare Gandini, ne réside pas dans les matériaux mais dans la syntaxe, dans la manière dont les matériaux sont combinés entre eux ».

II.

Lors d'un entretien avec Françoise Esellier, le compositeur nord-américain Morton Feldman a défini ce qui était pour lui la principale différence entre la musique américaine et la musique européenne : « La première est plus philosophique, déclare Feldman, et la deuxième est plus conceptuelle ». Devant la perplexité de l'interlocuteur, le musicien essaie de rendre plus clair son propos : « C'est que nous, nous n'avons pas d'histoire. Et lorsque il n'y a pas d'histoire, nous devons faire de la philosophie ».

Même si elle ne doit pas être prise à la lettre, cette idée contient un point de vérité, du moins en termes de poétique. Il est évident que la génération de Feldman et Cage a redéfini les principes de la création musicale dans un sens philosophique, même s'il convient d'ajouter que l'un et l'autre l'ont fait par des voies complètement différentes.

L'idée de l' « américain » n'offre pas nécessairement des matériaux concrets mais une perspective plus globale. Dans la musique de notre auteur, Mariano Etkin, profondément marqué par l'œuvre et la pensée de Morton Feldman, l'« américain » n'est pas tant un territoire géographique réel qu'une métaphore d'une musique non linéaire, non narrative, étrangère à l'esprit de la sonate. L'« américain » pourrait représenter une opposition ou une voie divergente, voie qu'on peut retrouver dans une certaine musique européenne (Feldman la voyait chez Schubert) : Satie, Debussy, Stravinsky et Varèse sont les principaux noms à travers lesquels Etkin trace sa ligne divergente par rapport « à la musique européenne dépendante de la sonate-développement ». Etkin poursuit : « Il ne s'agit pas seulement chez ces compositeurs d'avoir ignoré la forme sonate, c'est leur attitude qui compte face à la conception même de l'œuvre et du temps musical. On peut dire que chez eux surgit une utilisation spatiale du temps musical. Au lieu de développer à partir d'une unité, ils tentent de distribuer un répertoire préexistant d'éléments en une totalité, celle de la durée de l'œuvre, conçue a priori comme un espace (de temps) qui doit être rempli [...] En fait, on pourrait parler d'une musique qui est là, à la différence d'une musique qui se dirige vers un point déterminé, comme celle du courant romantique et de ses dérivés ».[1]

S'esquisse ici une dialectique entre exister et être que l'auteur va développer dans un article de 1984. L'auteur y postule un dépassement des perspectives locales traditionnelles : « Ces dernières années, on a pu apercevoir plus clairement l'existence d'une musique latino-américaine qui est imprécise dans la description verbale mais se manifeste à celui qui veut l'entendre, sans faire usage de procédés réalistes, C'est la reconnaissance d'un espace, d'un paysage, d'un territoire, qui ne fait pas référence nécessairement aux musiques indigènes ou noires dans le matériau comme le fait le nationalisme réaliste, mais, qui va à la matière et aux formes, aux places et aux silences qui ont produit et produisent ces musiques ».[2]

Ces principes forment la base poético-idéologique d'une composition qui établit de nouvelles bases et de nouvelles priorités : d'une part la subordination des hauteurs aux phénomènes timbriques et texturaux plutôt qu'à une rationalisation harmonico-mélodique. D'autre part, un travail avec les limites, les seuils, les micro-variations, les registres extrêmes, en mettant l'accent sur le fait acoustique, plutôt que sur le fait « musical », comme le signale le compositeur.

Si ces principes peuvent être amplement débattus d'un point de vue historico-idéologique, il est indiscutable que dans les cas d'Etkin, ils ont été mis en œuvre de façon extrêmement originale.

---

1 Mariano ETKIN, « 'Apariencia' y 'realidad' en la música del siglo XX», *in* Susana Espinosa (ed.), *Nuevas propuestas sonoras*, Buenos Aires, Ricordi, 1983, p. 76.
2 Mariano ETKIN, « Los espacios de la música contemporánea en América Latina », *Pauta*, vol. 5, n° 20, 1986, pp. 63-64.

Je voudrais à présent m'arrêter brièvement sur une œuvre très représentative de ce programme esthétique, *Caminos de cornisa*, (Chemins de corniche), de 1985.

L'idée d'une musique « sur les bords » s'exprime clairement dès le début de la pièce dans l'usage des registres extrêmes du piano (aigu et grave) et de la clarinette (aigu), tandis que le principe de la micro-variation se manifeste aussi bien dans les hauteurs que dans les durées. La régularité créée par les croches du piano est altérée par l'ajout de la double-croche, ce qui provoque une perturbation, tandis que le parallélisme des octaves à distance est perturbé par des déplacements de demi-ton. Notons que ces déplacements ont lieu dans une position extrême du registre, ce qui donne comme résultat un effet de déviation ambigu ou d'octaves « sales ». Dans les deux cas, celui des durées et celui des hauteurs, cette régularité perturbée produit l'effet d'une faille dans le mécanisme. Il n'y a aucune périodicité ou symétrie dans ces déviations, et la clarinette ajoute une nouvelle asymétrie. La clarinette n'est pas mesurée ; les points d'orgue indiquent que le son dure ce que dure la respiration de l'interprète ; cependant, son point de départ n'est pas laissé au hasard : le *do* dièse avec lequel commence la clarinette est un demi-ton au-dessus du *do* bécarre du piano et à l'unisson à plusieurs octaves de distance avec le *ré* bémol grave. Les notes sont très proches ; les relations sont de contiguïté, les ambitus mélodiques sont réduits ; l'ambitus parcouru par les croches du piano est de tierce mineure, s'étendant seulement trois fois jusqu'à la tierce majeure. On pourrait dire que le degré conjoint est le degré préférentiel chez Etkin. Dans cette œuvre, apparaît une forme paradoxale de relations de contiguïté et de grands espaces vides.

Je voudrais faire une dernière observation à propos de la forme générale ou de la directionnalité de la pièce. La progression de l'œuvre passe du registre aigu au registre medium et de là au grave, pour finir, à la manière d'une coda, avec les harmoniques aigus de la flûte ; le registre a une fonction directionnelle, formelle pourrait-on dire. Ceci répond aussi au plan timbrique-textural du compositeur et à sa révision radicale des hiérarchies traditionnelles.

On pourrait penser que *Caminos de cornisa* exprime d'une manière un peu trop didactique le programme d'Etkin. L'auteur a signalé à plusieurs reprises que le nom de cette œuvre a surgi bien après sa réalisation ; peut-être cette remarque prétendait corriger ce que lui-même percevait comme une démonstration trop directe d'un programme esthétique qui, d'une certaine manière, était aussi un programme identitaire. Un programme identitaire et non pas indigéniste ni folkloriste, même si le fait d'être moins naïf ne le rendait pas moins idéologique.

III.

Dans la musique de Mariano Etkin, les titres des pièces acquièrent à partir de la fin des années 1970 certaines connotations. Les titres semblent renvoyer à une expérience physique ou esthétique : celle-ci peut être géographique (*Caminos de cornisa*) (Chemins de corniche), littéraire (*Locus solus*), musicale (*Recóndita harmonía*) (Harmonie secrète), plutôt tactile (*Arenas*) (Sable) ou plutôt philosophique (*La naturaleza de las cosas*) (La nature des choses).

Cette série de titres dessine une histoire d'affinités et une trajectoire spirituelle. Son trio de 1987 *Recóndita armonía* (pour alto, violoncelle et contrebasse) marque un subtil et imprévu tournant dans cette trajectoire, puisque la citation d'une aria de Puccini est en soi un déplacement au sein de l'œuvre d'un compositeur plutôt réticent à ce que l'on peut qualifier d'intertextualité.

Mais dans ce cas, il ne s'agit pas d'une simple citation. Ce qu'Etkin se propose de concrétiser, c'est l'idée contenue dans l'énoncé de Puccini. La citation de notes est aussi importante que l'idée poétique et, effectivement, le trio met en mouvement l'idée de quelque chose de secret, de caché, d'intime. La forme de la pièce d'Etkin est celle d'une énigme et nous ne soulignerions pas la trace de Puccini si le titre ne s'y référait pas.

Ce qu'Etkin emprunte à cette mélodie de Puccini est son exposition graduelle et un registre réduit de tierce majeure dans lequel évolue la phrase de quatre mesures (Re-con-di-taar-mo-nia/ Di-bele-ze-di-ver-se). Le déploiement d'Etkin est plutôt plus lent et le répertoire des sons, plutôt plus étroit, ce qui fait que la répétition de l'harmonique naturel de *ré* à l'alto (mes. 3-4 du troisième système) fait l'effet d'une libération mélodique sur une gamme. Dans cette libération mélodique de trois sons qui se répètent, on peut entendre un écho fragmentaire de Puccini.

De l'aria *Cavaradossi* survit (en une autre tonalité) un bref fragment de la phrase initiale. Quelques mesures plus loin (à la première mesure du deuxième système de la page 2), le *mi* du violoncelle et le *sol* de l'alto font entendre une tierce mineure qui permet de raviver le souvenir de la phrase de Puccini. Le motif est complété, pour ainsi dire, avec le demi-ton descendant *sol - fa* dièse de l'alto.

IV.

On pourrait penser que cette pièce d'Etkin relie symboliquement deux champs. Gerardo Gandini avait établi une différenciation dans la musique argentine de la deuxième moitié du XXe siècle entre des compositeurs du langage et des compositeurs de la matière. Gandini se situait lui-même dans le champ du langage et il considérait probablement Etkin comme le plus éminent des compositeurs de la matière. Selon cette logique, les premiers partent de l'idée selon laquelle la musique n'est pas seulement un langage et donc un fait discursif, mais un langage fait d'autres langages, l'histoire de la musique faisant partie des matériaux de la musique ; les seconds présupposent une perception plus physicaliste et directe du son et, en bonne partie, leur projet esthético-idéologique fut défini par Etkin dans les écrits que nous citons tout à l'heure.

Mais, à quel champ appartient *Recóndita armonía* ? La pièce d'Etkin n'invalide pas la ligne de division de Gandini, mais la bouscule. Dans le trio d'Etkin, la mélodie de Puccini (le fil rouge) est étouffée par différents moyens, en premier lieu par la diversification de la ligne dans les différents instruments, par un principe d'abstraction ou de dématérialisation accentué par l'usage des harmoniques naturels et de résonances brèves et par la forme « creuse » de la texture en général. Les sons surgissent comme des objets isolés, entourés de vide. La mélodie ne s'articule pas clairement. La pièce d'Etkin se manifeste dans cette tension entre un son physiquement isolé et un son virtuellement enchaîné aux autres.

On pourrait parler d'une impulsion lyrique, mais se manifestant dans une échelle infime. De manière rétrospective, il est difficile de résister à la tentation de considérer cette virtualité comme une promesse de quelque chose qui se réalisera plus tard ; comme si le titre de la pièce était une idée qui allait suivre son cours dans la continuité de l'œuvre de l'auteur.

V.

Dans ce parcours partiel à travers la musique d'Etkin, je ne voudrais pas me soustraire à ma propre expérience comme auditeur de cette musique, comme chroniqueur et critique. Peut-être cette présentation a-t-elle son origine dans l'impression durable laissée par l'écoute de son quatuor *La naturaleza de las cosas* (La nature des choses) lors du concert « anonyme » du cycle de musique contemporaine du Théâtre San Martin de Buenos Aires en 2000. *La naturaleza de las cosas* a été composée spécialement pour ce concert. L'idée d'un concert anonyme était vraiment intéressante ; le programme ne signalait pas le nom des compositeurs, ce qui signifiait une nouvelle expérience pour le public et les critiques, permettant de libérer l'audition des préjugés ou du moins de réduire ceux-ci au maximum. C'était comme si, tout d'un coup, l'utopie de John Cage devenait réalité, selon laquelle chacun en écoutant du Webern, n'écouterait pas du Webern mais du son.

Lorsque, ce soir, on jouât *La naturaleza de las cosas*, il ne fut pas difficile de découvrir la marque de l'auteur pour ceux qui avaient une certaine familiarité avec la musique d'Etkin. En même temps, il y avait quelque chose de légèrement perturbant, mais il ne s'agissait plus des perturbations micrologiques des triples croches et des octaves sales. Il y avait quelque chose que l'on pourrait qualifier de plus « délié », de libéré, d'ample, spécialement dans la ligne de la clarinette. Jusqu'à ce que, soudain, la clarinette se libère avec un grand solo, comme si toute l'œuvre s'était préparée pour cela. Après quoi, elle sembla revenir à son point départ.

Remarquez d'abord le mouvement de la clarinette face au comportement statique du reste du quatuor, à la manière d'une mélodie accompagnée. Pour sa part, le solo présente des traits qui ne se retrouvent pas souvent dans la musique d'Etkin : une ligne continue, sans « trous », des intervalles larges, un usage plus caractéristique de l'instrument qui se déplace à l'intérieur de ce que Rimski-Korsakov nommait dans son Traité d'orchestration la « région du jeu expressif ».

Peut-être l'idée d'un concert anonyme fut-elle non seulement provocatrice pour l'auditeur mais aussi pour le compositeur. On ne peut éviter de penser que ce changement d'échelle dans le mélodique chez Etkin se soit produit aussi ouvertement parce qu'il s'agissait d'un concert anonyme. Le concert anonyme expose le public et protège le créateur (pour un laps de temps très bref, certes, puisque la liste des auteurs devait être rendue publique une semaine plus tard). Ou alors, sans considération psychologique, on peut penser que l'auteur est entré de manière délibérée, et avec audace, dans le jeu des identités rendu possible par un concert anonyme. Toujours est-il que, ce que l'on ressent dans cette expérience est une sorte de « relâchement », plus spécifiquement, un relâchement des résonances.

VI.

Les indications de « non diminuendo ! » qu'Etkin distribue de manière généreuse dans ses partitions ne sont pas seulement guidées par un esprit d'opposition (contre les habitudes des interprètes), mais aussi par un souci de poursuivre le son et de contrôler la courbe d'extinction. Cette fixation dans le son constitue sans doute l'une des affinités plus profondes qu'Etkin partage avec la musique de Feldman, presque dans le sens d'un son rétrogradé. Chez Etkin, cette inversion de perspective ne signifie pas nécessairement que les sons durent plus longtemps, mais plutôt qu'ils durent d'une certaine manière. Il s'agit d'une façon de retenir la tension de la musique et de l'exécution : les sons ne tombent pas, ils durent ce qu'ils doivent durer. Son œuvre *Locus solus*, dans laquelle les sons très résonants de certains instruments de percussion se trouvent significativement coupés ou éteints, constitue un essai conséquent dans ce sens. D'habitude, dans la musique d'Etkin, les résonances sont brèves ; généralement, elles sonnent comme des petites intonations, réduites dans le temps et l'espace. Traditionnellement, ceci a caractérisé la respiration mélodique de l'auteur.

VII.

Dans *La naturaleza de las cosas*, le changement d'échelle est évident, et ce changement n'est pas un fait isolé dans la production la plus récente du compositeur. Des formes mélodiques plus vastes apparaissent à nouveau dans les *Trois études pour larmes*, écrites entre 2009 et 2011 et plus particulièrement dans *Alte Steige* (Ancienne pente), un trio pour clarinette, trompette et trombone de 2012.

A la différence de *La naturaleza de las cosas*, le solo de clarinette dans *Alte Steige* est d'une incroyable simplicité. Une mélodie en triolets qui descend presque exclusivement par degré conjoint, en pente, du *fa* 6 au *do* 5 : ton, ton, demi-ton, tierce majeure, demi-ton, ton, ton, ton, demi-ton.

À la fin de la page 6 et au début de la page 7, le même geste réapparaît dans un registre plus grave, cette fois-ci légèrement souligné par le *sol* du trombone sur la dernière note de la phrase, comme si l'on allait répondre avec une autre échelle descendante au long *sol* initial de la clarinette, alors que le *sol* du trombone reste dans une très belle suspension. La pièce finit avec ce qui pourrait être un souvenir abrégé de ce geste

Le changement d'échelle n'est pas un fait isolé et ne se réduit pas uniquement à la dimension mélodique. Elle touche aussi à la pensée même de la variation, comme cela se manifeste dans les deux premiers *Estudios para lágrimas*, pour trio de clarinette, cors et violoncelle. Il ne s'agit plus d'une variation micrologique et contiguë, mais d'une variation à distance sur la base du souvenir. Les déviations deviennent nécessairement plus libres, moins intentionnelles. Comme le compositeur l'a expliqué dans les notes du programme lors de la création, la deuxième étude devait être une copie de la première avec de petites variations, mais elle finit par acquérir une vie propre.

Le relâchement apparaît aussi dans certaines figures caractéristiques, comme si après avoir évité pendant des années des gestes archétypiques, les instruments chez Etkin se mettaient à évoquer leur propre histoire (un peu comme Beethoven usait des conventions dans ses dernières œuvres, selon Adorno). C'est ainsi que dans la *Troisième étude pour larmes*, un contrepoint dépouillé à deux voix, le cor paraît revenir aux appels de chasse. Ce qui est maintenant répété avec des variations.

VIII.

La question que posait ce concert anonyme était : comment la musique d'Etkin pouvait avoir pris un tournant aussi significatif sans rien perdre de sa physionomie. C'est comme si l'on avait opéré un passage de la texture à la ligne. La texture demeure, mais sur un deuxième plan. Dans ses entretiens avec Pierre Michel, György Ligeti avait décrit quelque chose de similaire lorsqu'il signalait qu'à partir de *Lux Aeterna* ses harmonies étaient devenues plus claires, tout en gardant la technique du cluster comme une sorte de résidu. Cela dit, le point de départ des deux processus est très différent ; les textures creusées chez Etkin se trouvent bien loin des clusters bigarrés de Ligeti ; l'un part d'un espace plein, l'autre d'un espace vide.

La musique d'Etkin est devenue peut-être plus éloquente, mais aussi moins démonstrative. Entre les microvariations note après note de *Caminos de cornisa* et les variations plus hasardeuses œuvre après œuvre des *Etudes pour larmes 1 et 2*, Etkin a fini par pulvériser toute trace d'un programme esthétique-identitaire même si, bien sûr, le développement de son œuvre serait impensable sans ces présupposés.

Dans la musique d'Etkin, la forme micrologique subsiste, même si celle-ci ne concerne pas toujours les figures mélodico-harmoniques. Il s'agit d'un temps plutôt lent, où chaque événement est pesé, est analysé dans sa matérialité, dans une révision démocratique des hiérarchies. Comme dans la texture, il n'y a pas de faits principaux et des faits secondaires. Plus ou moins linéaires ou discontinus, tous les points du tissu ont leur grain, leur lumière, leur propre champ d'existence.

Sans vouloir abuser des indices ou des métaphores que les titres des œuvres mettent à notre disposition, l'idée lucrétienne de la nature des choses a à voir avec quelque chose qui se manifeste de manière franche, qui se déploie dans le temps réel de l'imagination musicale. Dans la musique d'Etkin, le temps de l'imagination et le temps de la perception se rejoignent dans une heureuse coïncidence.

IX.

Ce que nous avons essayé de décrire ici est, en quelque sorte, une expérience de progrès, peut-être de la seule manière dont une telle expérience est possible en musique : le progrès qui s'opère chez un auteur par effet de la critique. Ou peut-être faudrait-il dire qu'il s'agit d'un progrès qui se manifeste au sein d'une œuvre, puisque ce qui compte n'est pas tellement les intentions de l'auteur, mais l'évolution objective de l'œuvre. Pour cela, dans le cas d'Etkin on a parlé d'un « relâchement ». J'admets que ce terme est lâche et léger en soi, un peu imprécis, mais il conserve l'idée de quelque chose qui s'exprime par lui-même, qui se révèle à travers son propre poids une fois que s'atténuent les instances de contrôle et de rationalité.

Le corps de la voix : formalisation et geste de la parole dans Orillas de Francisco Kröpfl

Laura Novoa

Au sein de l'avant-garde de l'après-guerre, l'idéal d'un rassemblement entre musique et texte — la condition utopique du mythe de la synthèse entre les deux — a été pensé et s'est redéfini, même si une certaine allergie du texte et des éléments linguistiques-musicaux ont fait que le rapport entre paroles et musique devienne critique.

Dans une histoire inachevée, il est toujours d'actualité — même dans les différents contextes— la question sur la pertinence et la nature esthétique du rapport historique entre le texte poétique et la musique. Quelles sont les possibilités et comment se fait la traduction musicale du contenu d'un poème dans un milieu musical comme l'électroacoustique.

Orillas, du compositeur argentin Francisco Kröpfl, sur la base d'un poème de même nom de Rodolfo Alonso, montre les tensions et la complexité des rapports entre le son et les paroles. Aussi, il montre comment dans l'exercice de la mise en musique d'un texte poétique, la matérialité de la voix ne met pas seulement du corps au langage, en fonction de la recherche d'un *continuum* entre musique et paroles, mais, au moment d'imposer ses gestes, ses inflexions, son articulation, une tension dynamique se produit dans la formalisation. Dans ce sens, le son de la voix, comme le souligne le compositeur Luciano Berio, constitue toujours une citation : « la voix, quoi qu'elle fasse, même un simple bruit, est obligatoirement significative : elle est à l'origine d'associations et elle contient toujours un modèle, soit naturel, soit culturel »[1].

En premier lieu, je vais faire une synthèse de la biographie du compositeur pour montrer le contexte historique de son œuvre.

---

1 Luciano Berio, *Remembering the future*, Londres, 2006, p. 50.

Kröpfl, d'origine hongroise, est né en Roumanie dans les années 30 et il a grandi en Argentine, où il a développé toute son œuvre. Il a été disciple de Juan Carlos Paz, représentant de la tradition des lumières et moderne de la musique argentine. Il a utilisé et diffusé les techniques du groupe de Vienne, le multisérialisme (*multisérialismo*) et il a été un des pionniers en Amérique Latine de la musique électronique. Il a fondé le *Estudio de Fonología Musical* (Groupe de Phonologie Musicale) à l'Université de Buenos Aires en 1958, dont le nom est un hommage au Groupe de Phonologie de Milan fondé par Bruno Maderna et Luciano Berio en 1955. Kröpfl à été en contact avec Pierre Boulez quand il a visité Buenos Aires en 1954. À ce moment, Boulez lui a transmit non seulement la technique des complexes qu'il utilisait dans *Le marteau sans maître*, qu'il a justement fini pendant son séjour à Buenos Aires, mais aussi il lui a offert le *Studio n° 1* de Stockhausen, une publication avec de l'information technique et esthétique du studio de Cologne fondé par Herbert Eimert. Cette information a été essentielle pour entamer la construction du nouveau laboratoire. Par ailleurs, la possibilité d'utiliser des moyens électroniques a permit à Kröpfl de résoudre quelques problèmes techniques et esthétiques dans sa manière de composer qui était proche du sérialisme des années 50.

L'expérience personnelle du compositeur et sa connaissance de première main des développements de l'avant-garde européenne a été, comme l'a signalé Monjeau, une espèce de matrice esthétique et intellectuelle qui se répandrait en Argentine[2].

Le poète argentin Rodolfo Alonso, de son côté, faisait partie du mouvement Groupe Poésie Buenos Aires et partageaient les idées et les intérêts des artistes et des intellectuelles du groupe de renouvellement argentin des années 50 duquel Kröpfl faisait partie.

---

2   Federico Monjeau , « Anotaciones sobre la presencia europea en la música argentina contemporánea », *Los caminos de la música. Europa y Argentina*, Universidad Nacional de Jujuy, 2008.

Est-ce que l'attrait de la poésie est si fort qu'à un moment donné du développement de la musique, elle ne peut se passer d'un texte autour duquel elle se concrétise[3]? Cette question, que se posait Boulez, peut se répondre que de manière affirmative si on prend en compte que même dans la musique électronique cette fascination a eu lieu et elle s'est traduite par l'apparition d'une nouvelle orientation avec l'introduction de la voix humaine et d'un texte comme matériel sonore.

Orillas fait partie de cette tradition de la musique électroacoustique. Les référents immédiats sont : *Le chant des adolescents* (1956) de K. Stockhausen et *Thema : Omaggio a Joyce* (1958) de Luciano Berio. Cette dernière œuvre a permit à Kröpfl de trouver une nouvelle perspective de forme dans le milieu électroacoustique à partir de la force expressive, la richesse du son et les inflexions que lui offre la voix.

Comme nous l'explique Carl Dahlhaus, au cours de ces années, le matériel électronique risquait de se transformer dans une enveloppe sonore vide. On critiquait la rigidité des sons et des bruits produits de manière électronique, le manque d'oscillations minimum, caractéristiques des sons de la voix et des instruments capables de donner une vivacité imaginaire au son ou au bruit[4].

Bien que *Orillas* a été fini en 1988, elle montre les problèmes esthétiques des années soixante, quand la pièce a commencé à être composée. En effet, elle a été commencée en 1963, mais les limites techniques de la coupure et du montage de la bande magnétique, ainsi que d'autres procédés comme la transposition, le filtrage, la réverbération, etc. ont obligé à repousser le projet jusqu'en 1988, quand la technologie a permit son achèvement.

Deux idées sont à l'origine de la composition de *Orillas* : la formalisation d'un texte vocal dans un milieu électroacoustique et, en même temps, la transformation du langage verbal en sons, en supprimant la dimension sémantique des mots, de telle sorte

---

3   Pierre Boulez, *Puntos de Referencia*, Barcelona, Gedisa, 1996, p. 161.
4   Carl Dahlhaus, « Problèmes esthétiques de la musique électronique », *Essais sur la Nouvelle Musique*, Paris, Contrechamps, 2004, p. 132.

que, les qualités musicales du matériel phonétique puissent surgir clairement. En d'autres termes, il s'agit de donner du sens musical au résidu acoustique de la langue. Dans *Orillas*, le langage discursif est transformé en catégorie formelle. Mais, le retour du texte dans un milieu électroacoustique, ainsi que celui de la voix humaine, montre les tensions entre un principe constructif très spécifique et une évocation de l'idée du poème.

La pièce semble une métaphore de l'idée énoncée par Luciano Berio : le poème est un message verbal distribué dans le temps[5]. Pour certains compositeurs, rien ne peut donner une idée plus réelle et concrète de cette idée que l'enregistrement et les moyens de la musique électronique. Ils le font mieux que ce que ne pourrait le faire la poésie en elle-même ou le théâtre.

Le poème de Rodolfo Alonso qui est à l'origine de la pièce apporte non seulement le matériel pour cette métaphore, mais aussi son structure fluide avec son propre système de sons présents de manière implicite dans la composition de Kröpfl : l'eau avec toutes ses qualités et ses textures, ses mouvements et ses rythmes, la quiétude et le silence du bord, le son du fleuve.

Dans *Orillas*, la voix comme instrument principal prend corps et donne le geste et l'épaisseur à la parole en tant que matériel sonore. Et, justement, étant donné que la mise en musique du poème dépend des particularités de l'émission et la transmission, il a été pris le registre de la voix qui parle, et donc qui ne chante pas pour contourner les conventions que le chant peut reporter sur la sonorité du poème. L'enregistrement du texte a été fait en deux versions, l'une chuchotée et l'autre normale, afin de pouvoir les utiliser ultérieurement pour des fins expressives différentes.

Il semblerait que les mots et les fonctions phonétiques dans son sens de contexte sont apparus de la simple lecture du texte qui a été réduit à quatre types d'unités : phonème, syllabes, mots et phrases. Le matériel phonétique est en rapport avec les hauteurs, les modes d'émission et la dynamique, bien qu'il ne le

---

5   Berio, « Poesia e musica – un'esperienza », *Incontri Musicali*, Edizioni suvini zerboni, numero tre, agosto 1959.

soit pas de manière systématique. Quelques mots seulement, en fonction du sens du poème, ont une importance particulière dans chaque vers : ils sont marqués dans les différentes parties de la pièce et ils occupent un rôle privilégié dans l'organisation de la syntaxe. Dans certains cas, les phrases s'organisent en changeant les mots du poème. Les voyelles, isolées en tant qu'élément du timbre, sont combinées ultérieurement en tant que séquence rythmique.

 Ces procédés de composition font valoir les valeurs proprement acoustiques des mots et, en même temps, les procédés électroacoustiques permettent de multiplier et transformer la couleur vocale ou l'amplifier en fonction des besoins expressifs.
Le timbre et le registre qui sont imprimés à chaque mot, syllabe ou phonème sont distribués de manière systématiquement variés avec quelques récurrences dans certains épisodes, par opposition ou saturation.

 En donnant à la parole un sens communicatif musical et, par conséquent, en diluant ou réduisant l'expression d'une énonciation linéaire il s'agit, en grande mesure, de rapprocher le plus possible le texte poétique à la musique.

 Le rapport qui s'établit avec le texte *Orillas* semble être en accord avec la définition que Boulez proposait quand il considérait le texte comme centre et absence :

> « Si je choisis un poème pour en faire autre chose que le point de départ d'une ornementation qui tissera ces arabesques autour de lui, si je choisis le poème pour l'instaurer source d'irrigation de ma musique et créer de ce fait un amalgame tel que le poème se trouve 'centre et absence' du corps sonore (…) alors un tissu de conjonctions s'impose qui, entre autres, comporte les rapports affectifs mais englobe par ailleurs tous les mécanismes du poème, de la sonorité pure à son ordonnance intelligente »[6].

 Le point de départ pour l'organisation formelle que propose Kröpfl semble se concentrer dans la synonymie complète qui

---

6 Pierre Boulez, *op. cit.*, p. 155.

s'établit entre l'eau et le temps : l'idée de transcrire l'eau comme l'accomplissement de la vie, tel une dramaturgie sonore.

Comme nous l'explique le compositeur : « je considère que le poème prend le fleuve comme une métaphore de l'écoulement de la vie, suggéré par les vers qui se succèdent : naissance, premier contact avec le monde — l'état de conscience — le développement de l'existence avec ses conflits et ses angoisses, et, finalement avec un sens positif de choix de la mort des aventures »[7].

1. Il naît beaucoup de bonté dans ces eaux.
2. Elles soutiennent le premier silence, la poitrine ouverte au soleil, la ruine de l'angoisse.
3. Dans l'ombre propice se croisent les événements capables d'habiter son image obscure de la terre.
4. Nous allons avancer un pied sur l'absurde.
5. Nous allons te connaître : monde incertain et animal, eau mûre.
6. Ces fleuves creusent la vérité silencieuse.
7. Nous avons besoin de leur vertu, de leur absence de costume, de leur vie d'aventure.
8. On ne peut pas leur tourner le dos.

D'un côté, la structure de la pièce prend comme référence le contenu de chacun des huit vers du poème et les distribue en dix sections — auxquelles s'ajoutent deux vers apocryphes — mais, d'un autre, ces sections sont associés à quatre groupes dans une instance formelle supérieure qui résulte de l'interprétation du contenu du poème.

Le premier des quatre groupes prend les trois premiers vers, un pour chaque section, et lui assigne un répertoire vocal sans le transformer : voyelles, consonnes, syllabes et quatre mots (beaucoup-bonté-naît-eau) en fonction de l'importance particulière qu'ont ces vers choisis. Ce n'est seulement qu'à partir de la

---

[7] Kröpfl, « Orillas. Formalización de un texto vocal en la música electroacústica », 2007, inédit.

deuxième section qu'apparaissent les unités qui ont un poids sémantique propre. Elles le font pour renforcer le sens du poème mais elles ne le font qu'à travers la reconstruction d'un texte apocryphe. À ce moment —comme dans la section suivante— l'importance de l'accent des mots et des phrases dans l'organisation rythmique est soulignée.

Dans le deuxième groupe, qui a pour base le matériel vocal chuchoté, des modifications substantielles (dans les sections 4 et 5) sont introduites et à ce moment la forme atteint son point maximum de concentration dramatique en raison d'une accumulation d'éléments qui apportent de la tension. D'un côté, il y a un plus grand degré de morcellement du texte et, d'un autre, on écoute pour la première fois la voix déformée, avec son registre modifié, qui se fusionne dans la cinquième section avec un matériel continue : un bruit de fréquence basse, métaphore du fleuve et du passage du temps. La tension entre le texte d'origine et les réinventions à partir des syllabes prises du texte apparaissent aussi dans d'autres sections mais ici elles se trouvent intensifiées. Le but de ces réinventions est celui de réarranger et d'inventer d'autres mots qui introduisent d'autres sens dans le poème.

Le troisième groupe fonctionne par contraste en tempérant la tension et en donnant au silence un rôle plus actif que dans les autres groupes. Ce groupe est composé par les sections 6, 7 et 8 : la section 6 développe le matériel du sixième vers et elle a un rôle de transition avec le groupe précédent et la septième section. Le septième et l'avant-dernier vers se développent dans la section 7 et 8 avec des critères différents : le premier prend le matériel d'origine du texte sans pratiquement altérer son ordre et l'autre réinterprète le contenu général du poème avec la création d'un deuxième texte apocryphe avec des fragments du texte du vers et un degré de concentration sémantique semblable à la deuxième section.

Le quatrième groupe développe le dernier vers du poème réorganisé en deux sections : la section 9 sert d'introduction à la dixième. Le matériel continu réapparait et il se prolonge jusqu'à la fin de la section avec un rôle de support de l'énonciation chuchoté du texte complet du poème.

Bien que la formalisation musicale prenne pour base l'élaboration du texte, la forme ne se correspond pas complètement avec celle du poème. Les fragments du texte sont dispersés à différents niveau et sont réédités dans un sens musical.

La forme globale et les propriétés structurelles de chaque section sont articulées au moyen de relations de continuité-discontinuité entre signifié, syntaxe et procès sonore : continuité sémantique par le niveau de consistance discursive, continuité de la syntaxe par le degré de fragmentation de mots et des phrases et la coupure de la continuité sonore par l'insertion de silences.

Les éléments et les procédés musicaux sont distribués dans une sorte de dramaturgie sonore en fonction d'assigner à chaque section un caractère déterminé évoqué en fonction d'un principe de contraste de base : positif-sombre-dramatique. Finalement, les courbes de tension et de directivité permettent d'accéder à un autre niveau de description de la forme totale : une sorte de structure de cadence.

Dans la pièce on trouve deux points de grande concentration expressive où se rejoignent le caractère sombre avec le plus haut degré de consistance discursive et continuité sémantique. Il s'agit des deux poèmes reconstruits à partir du rassemblement de syllabes de différents mots ; le compositeur semblerait transcrire ici sa réinterprétation du poème, la manière dont il a été affecté par la dimension expressive du texte. Du point de vue formel, les sections qui contiennent ces textes apocryphes par le poids sémantique, se constituent en axes formels. Toutefois, la rigidité qui découle d'une énonciation artificielle, avec sa prosodie dénaturalisée par la procédure de réassemblage de syllabes, exerce un éloignement sur ces points de proximité expressive du poème.

Toutefois, la dynamique expressive de la pièce semble reposer dans la tension entre la formalisation et la spécificité de la voix de la chanteuse Lucía Maranca, qui énonce le matériel verbal avec ses caractéristiques propres de résonance, vitesse, timbre et nature des articulations.

Les conditions qui caractérisent la nature de la voix de Maranca sont en elles mêmes un matériel expressif. Selon Barthes, la question serait de savoir comment la voix s'installe dans le corps et comment le corps s'installe dans la voix. Avec cette phrase, l'auteur signale le besoin d'une certaine capacité physique de la voix pour que la musique puisse interrompre dans la langue[8]. La surcharge des restes des expériences musicales et non musicales, le vécu par le corps associé nécessairement avec le potentiel musical de la voix avec toutes ses caractéristiques d'articulation, avec tous ses gestes, sont amplifiés par les dispositifs électroacoustiques et deviennent particulièrement proches.

La langue qui se trouve dans cette voix, fait sentir sa « texture », son épaisseur et son poids sémantique. Et c'est à ce moment que l'on peut trouver le geste, ce que Barthes a défini comme « le grain de la voix » : « la matérialité du corps parlant, sa langue maternelle : peut-être la lettre ; presque sûrement la signifiance »[9].

La volupté des voyelles en friction avec les consonnes avec une articulation douce au début de *Orillas* montre un des moments de la voix en tant que corps sonore : la langue, les dents, la cloison, la glotte et le nez sont exposés pour être écoutes. Et le corps qui énonce réapparait chaque fois que le souffle rentre et se libère.

Les associations qui surchargent la gestualité vocale contredisent, ou sembleraient le faire, une certaine indifférence du texte et le geste muet de la parole.
D'une certaine manière le texte est perturbé par les comportements de la voix et la gestualité de la voix. Selon Berio, «ce rapport multiple et en quelque sorte aliénée entre le texte et le geste vocal (lesquels continuellement se construisent et détruisent entre eux), lié à la volonté désespérée de la part de l'interprète pour aborder l'intrusif caléidoscope vocal des associations, peut conférer à la

---

8   Roland Barthes, *Lo obvio y lo obtuso*, Barcelona, Paidos, 1986, p. 277.
9   *Ibid.*, p. 265.

performance une tournure tragicomique, comme si c'était en même temps la parodie et la traduction de quelque chose élusive et un peu absente »[10].

En effet, dans *Orillas* la voix reprend ce que le mot ne dit pas, ce que le langage ne peut appréhender ; le mot traverse la voix et celle-ci le mot.

D'une certaine manière la pièce constitue une réflexion pratique sur la langue, avec le texte poétique comme matériel qui se frictionne contre soi-même et qui cherche au-delà de ses propres limites et elle lance un défi aux valeurs institutionnelles de la langue comme sa clarté ou le fait d'être correct. Le résultat est une sorte de « langue musique » (le mot est de Barthes) dont la signifiance apparaît par la friction entre la musique et la langue (et non pas par le message absolu)[11].

L'intégration des deux sensibilités hétérogènes de l'expérience, non seulement entre le texte et la musique, mais aussi entre les sons électroniques et la voix, se fait en pensant la voix et le mot en tant que structures sonores en rapport entre eux et non en tant que mélange hétérogène qui fait allusion au monde extérieur ou qui font y penser. Cette tension est à l'intérieure de *Orillas*, en utilisant les catégories fondamentales de la forme musicale, telles que la transition, le contraste, la continuité et la résolution. Ces concepts ont semblé à un moment s'éloigner de la musique électronique et, finalement, sont devenus transposables dans un nouveau contexte.

---

10 Luciano Berio, *op. cit.*, p. 70.
11 Barthes, *op.cit.*, p. 268.

La question de la disparition et les différentes textures du silence dans deux œuvres de Luigi Nono : *Fragmente-Stille, an Diotima* et *¿Dónde estás hermano?*

Fabien San Martin

Introduction

Si d'aventure vos pas vous mènent à Venise, allez à Dorsoduro, et au-dessus du numéro 1486 sur un quai qui fait face à l'île de la Giudecca, vous pourrez lire cette inscription gravée sur la pierre d'une plaque commémorative : « Dans cette maison naquit et mourut Luigi Nono, maître des sons et du silence ». L'hommage que rendit la cité lacustre à l'un de ses illustres citoyens convient particulièrement bien à ce musicien chez qui les questions du timbre et de la *texture sonore* furent une composante aussi essentielle que celle du *silence*. Ces deux dernières voguent parfois même de conserve… Nous voudrions ainsi montrer, à travers deux exemples en particulier, comment la texture sonore dans l'œuvre de Nono fut travaillée de diverses manières par une utilisation originale du silence. Notre intérêt portera donc moins sur un silence absolu que sur les liens que le musicien vénitien put tisser, par exemple, entre sa musique et les textes qui parcourent silencieusement la partition du quatuor *Fragmente-Stille, an Diotima* (1979-1980)[1]. De la même manière, ce n'est qu'un silence partiel ou relatif qui retiendra notre attention dans *¿Dónde estás hermano?* (1982)[2], où les pauses, que l'une ou l'autre des quatre chanteuses marque alternativement, ne s'entendent pas en tant que telles mais contribuent plutôt à modifier l'épaisseur du chœur au fil de l'œuvre.

---

1 Cf. Luigi NONO, *Fragmente-Stille, an Diotima*, pour quatuor à cordes, Ricordi 133049, 1979-80.
2 Cf. ID., *¿Dónde estás, hermano?*, pour quatre voix de femmes, Ricordi 133477, 1982.

Cependant, au-delà de cette phénoménologie paradoxale à laquelle il soumet son auditeur et qui interroge notre capacité à percevoir ce qui ne s'entend pas *immédiatement*, on verra comment la question du silence croise chez Nono des problématiques philosophiques plus larges, comme celle du « sauvetage » chez Walter Benjamin, celle du manque et de l'espérance chez Ernst Bloch, ou encore la notion de disparition et de « transparition » chez Jean Baudrillard : qu'il s'agisse en effet d'un texte muet autour duquel la musique s'organise, comme dans *Fragmente-Stille, an Diotima*, ou encore d'un texte qui, comme nous le verrons pour *¿Dónde estás hermano?*, en remplace un autre sur une même musique, le silence vient recouvrir ce que le compositeur a fait disparaître, tout en semblant parier sur sa possible infusion dans l'œuvre. Agent d'un processus de soustraction partielle, un tel silence signalerait ainsi la présence en creux de ce qui ne peut plus apparaître simplement, qu'il soit prisonnier d'un autre temps, ou qu'il le soit d'un autre espace. Il ne saurait dès lors en aucun cas signifier un vide, occupant plutôt la place d'un absent, ou plus précisément celle d'un disparu (*¿Dónde estás hermano?* est en effet dédié « aux disparus en Argentine »), dont la présence et la permanence paradoxales sont soulignées par tous les liens qui nous relient encore à lui.

I. Des textes muets innervants : *l'exemple du quatuor* Fragmente-Stille, an Diotima

A. « *Un écho de voix désormais éteintes* » *(Monglond)*

Par trois fois au moins au cours de son œuvre[3], Luigi Nono prit le parti d'accompagner sa partition d'un texte muet, tout à la fois pré-texte présidant à la naissance de l'œuvre ou l'inspirant, et

---

3   La première de ces trois œuvres, *Y su sangre ya viene cantando* (1952), est une pièce que Laurent Feneyrou perçoit comme « une anticipation » du quatuor, et dans laquelle le poème *Memento* de Federico Garcia Lorca figure (silencieusement) au-dessus de la partie de flûte. Cf. Laurent FENEYROU, *in* Luigi NONO, *Ecrits*, Bourgois, 1993, p. 11.

hypotexte[4] lu intérieurement par ses interprètes. Le moment le plus emblématique de ce choix correspondra à la composition du quatuor *Fragmente-Stille, an Diotima* dans lequel il rend hommage au poète romantique Friedrich Hölderlin. Davantage que quelques lignes figurant çà et là sur la partition comme ce fut le cas pour *Sul ponte de Hiroshima*, le premier des *Canti di vita e d'amore* (1964), c'est maintenant toute la composition qui est véritablement structurée autour de quarante-neuf fragments du poète romantique, choisis et répertoriés par Nono[5]. Néanmoins, malgré l'importance évidente que le compositeur leur accorde, il précise en exergue de sa partition que ces mots ne doivent être en aucun cas prononcés, ni explicités par aucune interprétation « naturaliste »[6]. Et, bien que la musique crépusculaire du quatuor ne soit pas exempte de tout rapport avec le texte, elle ne doit absolument pas en être une illustration. Le texte qui accompagne la partition devra seulement résonner en chacun des musiciens comme un chant intérieur[7].

Disparu à l'écoute, *passé sous silence*, quelque chose de ce texte silencieux devra pourtant *passer* dans la musique dont « il innerve le sens », comme l'écrit Laurent Feneyrou[8]. Telle une greffe opérée silencieusement et à l'insu de l'auditeur, le texte muet devra *imper-*

---

4   Sur ces notions, cf. G. GENETTE, *Palimpsestes*, Le Seuil, coll. « Poétique », 1982.
5   Qui en tirera 52 fragments musicaux.
6   Voir l'indication écrite par Nono au début de la partition : « *I frammenti, tutti da poesie di F. Hölderlin, inscritti nella partitura:*
    -in nessum caso da esser detti durante l'esecuzione
    -in nessum caso indicazione naturalistica
    ma molteplici attimi pensieri silenzi "canti" di altri spazi di altri cieli per riscoprire altrimenti il possibile non "dire adio alla speranza" ». Cf. Luigi Nono, *Fragmente-Stille, an Diotima, op. cit.*
7   « *Gli esecutori li "cantino" internamente nella loro autonomia dei suoni tesi a un "harmonia delicata della vita interiore". Da lettera di F. Hölderlin a Susette Gontard – settembre 1799* ». Cf. *ibid.*
8   « Le texte chez Nono, même s'il est imperceptible, voire non énoncé, demeure et détermine la vérité de l'œuvre, c'est-à-dire qu'il innerve le sens. » Laurent FENEYROU, *in* Luigi Nono, *Ecrits, op. cit.*

ceptiblement agir sur la musique. En prenant la peine d'un montage textuel aussi dense que précis, Nono ne pouvait pas ne pas parier, en effet, sur l'influence (même inconsciente) que les fragments poétiques de Hölderlin exerceraient sur les interprètes, et donc sur la musique elle-même. Et même davantage, puisque la musique est envisagée par Nono comme l'expression même de ces poèmes silencieux, et comme la solution au problème qu'Hölderlin posa, en son temps. Comme l'écrit Heidegger à ce propos,

> « Faire silence – cela signifie-t-il simplement : ne rien dire, rester muet ? Ou bien ne peut véritablement faire silence que celui qui a quelque chose à dire ? En ce cas, ferait silence dans la plus haute mesure celui qui serait capable de laisser se manifester dans son dire et uniquement à travers son dire ce qui n'est pas dit et de le laisser se manifester comme tel. »[9]

La difficulté pour « celui qui a *quelque chose à dire* », c'est-à-dire pour celui qui quelque chose à dire de *nouveau*, d'inouï, c'est d'en trouver l'expression ailleurs qu'au sein d'une langue que le quotidien a épuisée. Cette phrase de Heidegger à propos de Hölderlin nous intéresse non seulement en ce qu'elle expose le hiatus entre exprimé et expression, mais surtout parce qu'elle évoque le silence de ce qui n'est pas dit *à l'intérieur même* de ce qui est dit. Ce faisant, elle épouse parfaitement la thèse du quatuor : on doit pouvoir exprimer ce qui est tu. A cette différence près que pour Nono, il ne s'agira pas de dire, mais de jouer ce qui est tu.

Mais par-delà cette problématique, un autre élément doit être apporté ici pour bien comprendre cette nécessité du silence à laquelle Nono soumet la poésie qui accompagne son quatuor. Par leur appartenance au passé, ces vers « que leur âme vivante a quit-

---

[9] Martin HEIDEGGER, *Approche de Hölderlin*, Paris, Gallimard, coll. « Classiques de la philosophie », 1962, p. 242 et 250. Cité par Laurent Feneyrou, *in* Luigi NONO, *Ecrits*, Contrechamps, Genève, 2007, p. 666. Feneyrou précise que, dans l'édition que le compositeur possédait de l'ouvrage de Heidegger, « Ces deux Extraits de "Poème" sont soulignés par Nono. »

tés », comme l'écrivait Hegel[10], sont en quelque sorte disqualifiés par le présent qui ne peut en saisir ni la vie ni la profondeur initiales. Ainsi, plutôt que de les exhiber dans un hommage au grand jour, il s'agira pour Nono de *protéger* ces mots muets, « murmurés »[11] de « loin »[12], afin de nous en rendre la substance au moyen de sa musique. Par conséquent, la question n'est pas tant de savoir si ces fragments silencieux parviendront à percer le mur que leur silence et que la musique forment, mais comment c'est précisément ce mur qui permet contre toute attente de faire résonner leur murmure – selon cette vieille formule de la révolution française que Nono aimait à citer : « Le mur murant Paris rend Paris murmurant »[13].

Loin d'enfermer ces mots, les murs de la partition qui les enceint auraient donc plutôt vocation à les protéger et à en propager les vibrations, au travers d'un filtre musical que Nono voyait d'ailleurs comme leur seule manifestation possible, voire comme leur véritable épanouissement. Rejoignant ici l'historien André Monglond que Walter Benjamin aimait citer et pour qui « seul l'avenir possède des révélateurs assez actifs pour fouiller parfaitement [les] clichés [du passé]»[14], il y a donc chez Nono, outre la vo-

---

10 Pour le philosophe, en effet, le temps transforme les statues en « cadavres que leur âme vivante a quittés ». Cf. Friedrich HEGEL, *La phénoménologie de l'esprit*, Aubier, 1991, trad. Lefèvre, p. 489.

11 "*…säuselte…*" („murmure"), fragment 42 du quatuor, [*Und in leiser Lust und Schöne/Meines Herzens Mai begann/**Säuselte**, wie Zephirstöne, Diotimas Geist mich an.*] (Et qu'en beauté, doux plaisir, Mai dans mon cœur s'anima, M'inspira [murmura] comme un Zéphyr L'esprit de Diotima.). Cf. Friedrich HÖLDERLIN, *Diotima,* version intermédiaire, *in* ID., *Œuvre poétique complète*, trad. François Garrigue, éd. de la différence, Paris, 2005, p. 340.

12 "*…wenn aus der Ferne…*", fragment 16, tiré de l'ode *Wenn aus der ferne* ("quand de loin"), cf. ID., *Poèmes de la tour, in op. cit.*, p. 892.

13 Cf. Luigi NONO, *op. cit.*, p. 676. Nono attribue cette phrase à Claude-Nicolas Ledoux, lequel en 1785 « avait été chargé de réaliser un mur d'enceinte, voulu par Louis XVI, pour instituer une barrière efficace contre le mécontentement des Parisiens », comme l'explique Laurent Feneyrou, *in ibid.* p. 677.

14 André MONGLOND, *Le préromantisme français*, cité *in* Walter BENJAMIN, *Sur le concept d'histoire* (1940), *in Ecrits français*, Gallimard, Paris, 1991, p. 354. [N15,a1].

lonté d'une opération benjaminienne de « sauvetage »[15], l'espoir d'une *amplification* par la musique du sens contenu dans la poésie du passé. A la lumière du présent, les fragments de Hölderlin qui enfermaient « un sens mystérieux que les premiers lecteurs ne pouvaient pleinement déchiffrer »[16] s'éclairent et se chargent d'une nouvelle intensité, médiatisés par la musique, tout en étant maintenus dans un silence qui témoigne de leur révocation. Recouvert par la musique, ce silence ne *s'entend* pas mais apparaît en négatif, en recouvrant ces mots non prononcés qui coulent souterrainement telles des « images dialectiques »[17] que la composition vient éclairer. Ainsi le dispositif artistique élaboré par Nono permet-il de tenir compte tout à la fois du caractère éphémère de ces vers du passé et de l'utopie qu'ils colportent en les maintenant dans le silence de la partition, sans pour cela les faire passer *sous silence*, puisque la musique leur prête son actualité. Dès lors, les cordes du quatuor, agissant comme des « voix auxquelles nous prêtons l'oreille [et qui apporteraient] un écho de voix désormais éteintes »[18], sont la résonance paradoxale de voix silencieuses que l'on *évoque* tout en les *révoquant*.

B. *Transparitions*

Aspirant à une telle vocation tant historiographique que littéraire, le quatuor n'est donc plus seulement le fruit des signes purement musicaux qui noircissent la partition : il est encore ce médium chargé d'une poésie passée qui renaît en lui sous une autre forme. Et la texture des sons ainsi saturés du sens que leur confèrent les poèmes ne saurait être exactement la même si ces

---

15   Pour Benjamin, « est objet de l'histoire ce dont la connaissance s'accomplit comme *sauvetage* ». Cf. ID., *Paris, capitale du XIXème siècle – Le livre des passages*, trad. Jean Lacoste, éd. du cerf, Paris, 1989, p. 494. [N11,4]. Je souligne.
16   André MONGLOND, cité *in* Walter BENJAMIN, *Sur le concept d'histoire, op. cit.*
17   Cf. Walter BENJAMIN, *op. cit.*, p. 349 : « La mémoire involontaire de l'humanité délivrée, ainsi faut-il définir l'image dialectique ».
18   ID., *Sur le concept d'histoire* (1940), trad. Maurice de Gandillac, revue par Pierre Rusch, *in Œuvres* III, Gallimard, col. Folio essais, 2000, p. 428.

mots n'étaient pas là. Dès lors, ce que Nono nous invite à percevoir ici et qui confère à son œuvre sa texture si particulière, c'est l'entremêlement du silence relatif des mots qui jonchent la partition et du phénomène acoustique qui les recouvre, c'est le tissage infime entre ce qui reste caché et ce qui apparaît. Et, n'en déplaisent aux phénoménologues, cette perception du lien sous-jacent entre la partie immergée et la partie émergée de l'œuvre n'est peut-être pas un leurre. Car si elle n'*apparaît* pas d'une manière objective et phénoménale[19], la partie immergée de l'œuvre tend néanmoins à influencer ce qui en émerge d'une façon plus directement actuelle. Autrement dit, si les fragments n'*apparaissent* pas d'une façon phénoménale, ils doivent pourtant être perceptibles depuis leur silence paradoxal, en creux et ainsi *transparaître* en influençant à distance la texture de l'œuvre qui sans leur présence aussi spectrale fût-elle, aussi infime fût-elle, ne serait pas la même. En un sens, l'hypothèse implicite de Nono rejoint celle de l'homéopathie[20] et de la mémoire de l'eau : depuis leur silence, « les fragments de Hölderlin devraient vibrer en chacun des membres du Quatuor LaSalle [auxquels Nono a dédié sa pièce], indépen-

---

19 Etymologiquement, "*phainomenon*" « de "*phainestai*" qui dérive du mot grec "*photos*", lumière » désigne en effet ce qui est de l'ordre de l' « apparition ». Cf. François L'YVONNET, *in* Jean BAUDRILLARD, *D'un fragment l'autre*, Albin Michel, 2001, p. 57.

20 Sur les notions d'« apparition », de « transparition », et d'« homéopathie », cf. Jean BAUDRILLARD, *op. cit.*, p. 56 *sq*. Baudrillard y explique notamment comment le mal ressurgit d'une façon « homéopathique » dans les fractures, dans les moments de crise auxquels on peut faire correspondre le fragment dans les œuvres d'art. « F. L'Yvonnet : Il faut plutôt concevoir une sorte de réalité fragmentaire du mal… J. B. : oui, on peut dire cela, car le mal à la limite ne s'oppose pas au bien, puisqu'ils sont asymétriques… En un certain sens, le fragment, c'est le mal, par rapport à l'ensemble qui est le bien… On a affaire à la fameuse transparence ou mieux "transparition" du mal. Derrière toutes nos technologies du bien et du bonheur, la locomotive c'est le mal ! C'est l'accomplissement du mal sous sa forme homéopathique, si l'on peut dire… ».
Dans le cas de notre quatuor, composé lui aussi de fragments, le problème est un peu similaire : comment les mots transparaissent-ils tout de même depuis leur silence ?

damment de la musique »[21] et imbiber leur jeu d'une façon infinitésimale, mais pourtant suffisante pour qu'ils soient tout de même agissants.

Par ailleurs, la forme même de l'œuvre qui aligne ces bribes de poèmes le long des cinquante-deux fragments musicaux aménage la possibilité que quelque chose *s'échappe* des nombreux interstices autour desquels ils s'articulent. « Le fragment, nous dit Jean Baudrillard, a une relation étroite avec la fracture, effectivement... Il se *passe* quelque chose dans la *faille* des choses, dans la *brèche*, et donc dans leur apparition. »[22] Dans le quatuor, ces « brèches » correspondent plus concrètement aux points d'orgue[23] qui jalonnent la partition.

> « Les points d'orgue, explique Nono, sont toujours à *entendre* différemment avec une imagination libre : pour des espaces rêveurs, pour des extases soudaines, pour des pensées indicibles, pour des respirations tranquilles et pour des silences à " chanter " "intemporels". »[24]

Ainsi la possible transparition de ce qui est passé sous silence est non seulement liée à ce que les cordes peuvent matérialiser dans leur son phénoménal, mais elle est encore liée à la gestion des silences qui séparent chaque fragment, tous ces points d'orgue venant en quelque sorte percer le tissu sonore et créer ainsi de multiples échappées, des trous par lesquels « l'indicible » aura peut-être une chance d'être exprimé. De la même manière, les pauses et les nombreux soupirs qui ponctuent la pièce semblent avoir été aménagés non seulement comme des moments de respiration, mais à

---

21 Luigi NONO, « Lettre à Hans Jurgen Nagel », *in op. cit.*, p. 665.
22 Jean BAUDRILLARD, *op. cit.*, p. 56-57. Je souligne.
23 Utilisés dès les premières œuvres, notamment dans le *Liebeslied* (1954), les points d'orgue suivront notamment avec le quatuor, mais encore plus radicalement dans *Das Atmende Klarsein* (1983), une échelle très étendue de temps de pauses plus ou moins longs.
24 Luigi NONO, *op. cit.*, p. 666. Traduction de Laurent Feneyrou des indications du compositeur en exergue de la partition de *Fragmente-Stille, an Diotima* (Milan, Ricordi, 1981, p. 3). Je souligne.

nouveau comme des lieux de transparition de cet autre du quatuor que constitue sa trame textuelle, comme autant de creux par lesquels l'auditeur parviendrait ainsi à atteindre le monde sous-jacent du quatuor.

II. Le silence comme creux et comme aspiration dans ¿Dónde estás hermano?

A. Disparition des mots :

1. Palimpseste

A la différence du quatuor à cordes, Nono choisit pour le quatuor vocal de 1982 de faire clairement émerger le texte qui l'accompagne. Aussi sommaire soit-il puisqu'en effet il tient en tout et pour tout en ces trois mots qui en constituent le titre : *¿Dónde estás hermano?*, ce texte n'en structure pas moins l'œuvre qui s'organise en deux parties égales de chacune 18 mesures dont la seconde correspond précisément à l'énonciation des mots du titre. Mais les choses se compliquent un peu quand on sait que la musique de cette pièce écrite pour un concert d'Amnesty international à Cologne servait déjà de base au final d'une autre œuvre du compositeur, le *Diario polacco n°2, Quando stanno morendo* (1982), et que les vers qui y étaient chantés alors en étaient d'autres. Ainsi Nono aménage-t-il encore une fois une sorte de soubassement textuel à cette œuvre qui garde la mémoire dans sa musique du poème qu'elle accompagnait initialement. Comme dans le quatuor à cordes, ces mots ont un statut ontologique particulier, entre être et non être, à cette différence que, s'ils sont objectivement inaudibles, ils sont en outre devenus véritablement invisibles, même sur la partition.

Ils nous posent néanmoins la même question : subsistent-ils malgré tout, même à l'état de trace, dans la musique ? Ce texte émergé qui en recouvre un autre à la manière des palimpsestes du moyen-âge, ne laisse pas en effet de nous interroger sur sa véritable nature : quel lien entretient-il avec celui qui le précède ? En est-il un lointain écho ou le fait-il disparaître en l'étouffant définitivement ? Il semble difficile de valider cette dernière proposition car, bien qu'ils aient été effacés et remplacés par d'autres, les premiers mots ont laissé leur empreinte dans la musique à laquelle le compositeur les avait d'abord associés et ils s'y maintiennent en filigrane[25], comme le premier texte gratté des parchemins qui servirent deux fois. Mieux même, ils sont la trame invisible de cette musique qui les avait originellement associés à sa structure. Par suite, si Nono choisit d'utiliser une même musique pour deux œuvres distinctes, n'est-ce pas afin de procéder à une greffe secrète entre le premier texte et le second ? Ce faisant, il associe l'inquiétude de l'interrogation suscitée par la disparition de ceux à qui son œuvre est dédiée (« ¿Dónde estás? »), la supposition résignée de leur mort (« *quando stanno morendo* » premier vers de l'ancien texte) et l'espoir suscité non seulement par leur possible survie, mais encore par la force transcendante de leur chant puisque le premier texte s'achevait sur ce dernier vers : « *gli uomini cantano* »[26]. Nono voyait d'ailleurs dans le chant « un symbole de la vie, de l'amour et de la liberté contre toute nouvelle forme de suppression et de torture néonazie. »[27] Sur ce point il rejoint Ernst Bloch selon lequel la voix humaine, de structure utopique, est porteuse d'espérance et de temps nouveaux :

---

25 Sur toutes ces notions, cf. Gérard GENETTE, *op. cit.*
26 Extrait du poème de Velemir Chlebnikov, que Nono emploie pour le dernier fragment du *Diario pollacco n°2* (1982) :
      Quando stanno morendo,
          i cavalli respirano,
      Quando stanno morendo,
          le erbe intristicono,
      Quando stanno morendo,
          i soli si spengono,
      Quando stanno morendo,
          gli uomini cantano...
27 Luigi NONO, cité par Gerhard R. Koch, dans le livret du disque *Luigi Nono, Canti di vita e d'amore, Per Bastiana, Ommagio a Vedova*, WERGO, WER 6229-2, 1972/1993, p. 8.

« Ce sont des *voix humaines* qui non seulement, depuis Beethoven surtout, savent rendre toutes les gradations avec le plus redoutable premier soliste, mais à plus forte raison, *lorsqu'il faut exprimer la puissance, la paix, la spiritualité, le secret*, donc le faîte et le fruit du style symphonique dramatique, sont en mesure de répandre *tout l'énigmatique et supra-dramatique éclat de l'appel d'une communauté en prières*, sinon déjà celui d'une communauté exaucée. »[28]

2. Le phonème comme devenir-musique du mot

Cette indécision entre ce qui apparaît et ce qui n'apparaît plus trouve encore une incarnation dans la première partie de l'œuvre, et d'une façon plus sporadique dans la seconde, quand ce sont les mots eux-mêmes qui disparaissent ou qui plutôt se diluent en tant que monèmes, réduits à de purs phonèmes désémantisés (les voyelles U et A[29]). Mais au-delà d'un relais formel et symbolique à la question tragique que pose sans trêve le disparu dont le souvenir se dissout lui aussi peu à peu, ce processus (que Nono avait déjà eu l'occasion d'expérimenter par le passé[30]) contient par ailleurs, là encore, une force d'espoir. Dans l'esthétique toute utopique du compositeur, la transformation du mot en pures voyelles doit en effet être comprise comme une étape vers son devenir-musique, la

---

28 Ernst BLOCH, *L'esprit de l'utopie*, Gallimard, Paris, 1977, trad. Anne-Marie Lang et Catherine Piron-Audard, p. 78. Je souligne.

29 A un seul moment de l'œuvre, c'est la voyelle qui disparaît au profit d'une consonne, en l'occurrence le « s » du mot « estas », mesure 24. D'une manière curieuse, Nono le superpose à un silence. Il n'y a alors ni mot, ni hauteur, mais le statut ambigu d'une finale imperceptible dont on ne sait si elle doit être prononcée ou non.

30 « Dans la deuxième partie de *La terra e la compagna*, où le texte de Pavese est consacré à la lutte des partisans, les voyelles ont été extraites de syllabes chantées et ont été composées comme un simple matériau phonétique, *mais dans une autre dimension acoustique et expressive,* en rapport avec les syllabes d'origine. Une voix anticipe la voyelle des syllabes qui sont ensuite chantées, ou la prolonge. *L'aspect sémantique reçoit ainsi, dans la composition, une nouvelle dimension expressive et structurelle, avec des moyens musicaux autonomes et conséquents.*» Luigi NONO, « Texte-Musique-Chant », *in op. cit.*, p. 95. Je souligne.

musique étant pensée par Nono comme un destin idéal pour les mots, leur incarnation finale.

On touche ici à ce que Bloch évoquait déjà dans *L'esprit de l'utopie*, ce moment où « la dureté et la transparence de la simple figure verbale s'effacent » devant le seul « éclairage pénétrant d'une musique qui éveille, réalise, aiguise, se met à engendrer *suo modo* l'atmosphère miraculeuse du drame non tragique »[31]. De la même manière, le traitement sonore des mots participe chez Nono d'une conception progressiste qui voit en la musique un aboutissement formel idéal pour la poésie et qu'il nomme sa « technique pour une nouvelle expressivité dans le chant, en relation simultanée avec les deux éléments d'un texte : la phonétique et la sémantique »[32]. Ces phonèmes sont donc chez Nono une étape intermédiaire vers un devenir-musique des mots dont l'œuvre musicale vient parachever le sens. « L'aspect sémantique reçoit ainsi, dans la composition, une nouvelle dimension expressive et structurelle, avec des moyens musicaux autonomes et conséquents. »[33] Cette approche originale des rapports synergiques entre le texte, le chant et la musique rapproche à nouveau le compositeur d'Ernst Bloch pour qui en effet la musique « possède une légère contrainte dynamique, le

---

31 Ernst BLOCH, *op. cit.*, p. 130 : « Toujours, lorsque la dureté et la transparence de la simple figure verbale s'effacent, lorsque seul l'éclairage pénétrant d'une musique qui éveille, réalise, aiguise, se met à engendrer *suo modo* l'atmosphère miraculeuse du drame non tragique, naît aussi cet espace musical mythique de la réalité la plus extérieure, qui est commun à l'opéra transcendant et au drame sacré et qui, en tant que mythe de l'amour ou de la sainteté, en dehors de tout éventuel destin temporel, de tout prolongement épique temporel, épuise les ontologies de l'âme. »

32 Luigi Nono, à propos des *Cori di Didone* (1958) pour chœur et percussion. Cf. ID., *op. cit.*, p. 611. A propos de la même œuvre, le compositeur expliqua, par ailleurs, que « le texte et son expressivité ont été *recréés* avec le matériau acoustique de ses consonnes et de ses voyelles dans des champs harmoniques et ont été mis en musique dans le sens d'une *interaction musicale absolue, mais autonome,* de sa totalité sémantique et phonétique. » ID., « Texte-musique-chant », *in op. cit.*, p. 95. Je souligne.

33 Luigi NONO, « Texte-Musique-Chant », *op.cit.* Je souligne.

son dramatique "rajouté" au poème, et va même jusqu'à impliquer une *esquisse dramatique autonome*. »[34]

Mais si le texte est ainsi appelé à un destin musical, à l'inverse, la musique ne peut plus, quand du moins elle est elle-même liée à un texte, être entendue comme musique pure, puisqu'elle est chargée intimement du sens des mots qu'elle transporte maintenant. Les sons ne valent plus alors tout à fait pour eux-mêmes et leur nature, qui garde l'empreinte de la poésie qui s'est transmutée en eux, en est par conséquent modifiée.

B. *Mesures vides*

1. Trous dans le tissu/ aspiration blochienne

Outre les mots manquants dont nous venons de parler, la partition de *¿Dónde estás hermano?*[35] est flanquée de ce qui pourrait apparaître comme des mesures manquantes, des trous visibles dans son tissu global qui correspondent aux nombreuses pauses disséminées au fil de l'œuvre. Semblant marquer une absence au moins sur le plan visuel, ces pauses nous rappellent ce qu'Ernst Bloch développe à partir de la notion de manque et l'ontologie complexe qu'il lui associe. Comme la faim qui nous permet tout à la fois d'éprouver une absence et la nécessité de la combler, il s'agit d'un sentiment paradoxal qui lie un être à un non-être, ou plutôt qui lie un être à un *être à venir*. Ainsi celui qui éprouve un manque se trouve face à un vide dont quelque chose peut cependant surgir. Non seulement, ce vide n'est pas néant mais encore il est ce qui fait signe vers ce qui peut apparaître. Pour le dire autrement, le manque nous fait sentir la présence, à l'état de *possible*, d'un être qui cependant n'est pas là.

Il est donc tentant d'associer les mesures vides du quatuor vocal de Nono à des moments *manquants* de l'œuvre lorsque l'on sait que celle-ci est dédiée aux disparus d'Argentine sous la dictature des généraux, c'est-à-dire précisément à ceux dont l'absence ambi-

---

34 Ernst BLOCH, *op. cit.*
35 Cf. Luigi NONO, *¿Dónde estás, hermano?*, *op. cit.*

guë et douloureuse laisse cependant espérer (c'est-à-dire attendre) la présence. « Il y a trois sortes d'hommes : les vivants, les morts et ceux qui sont en mer » aurait dit Aristote[36], et à l'instar de « ceux qui sont en mer », le statut ontologique des disparus se situe d'une façon indécise entre être et non-être. Bien sûr, chez Bloch, le sentiment du manque est d'abord tourné vers l'avenir : ce qui depuis son absence se fait désirer n'a pas encore été, et sa condition d'être non-encore-là, le vide de la place qu'il n'occupe pas encore, agissent comme aspiration vers son avènement :

> « Du plus profond de nous-mêmes, écrit Bloch, quelque chose surgit et cherche à saisir. Cette poussée s'extériorise en premier lieu sous forme de "tension" (*Streben*), ignorant encore ce qu'elle désire. Dans le *sentiment* cette tension se traduit sous forme d'"aspiration" (*Sehnen*), seul état sincère chez tous les hommes. »[37]

Mais bien qu'il s'agisse, dans le cas du disparu, d'un être qui a déjà été (et que l'on connaît déjà), l'espoir suscité par son retour a la même structure utopique (ce qu'il faut entendre d'une façon positive chez Bloch) que tout ce qui d'une manière plus générale peut susciter le désir. En laissant apparaître de telles *aspérités* dans le tissu compositionnel de sa pièce, Nono déploierait à son tour une telle structure utopique et organiserait sa partition autour d'un manque devant agir comme *aspiration* à retrouver ce qu'il recouvre et traduire le sentiment double d'un vide et du désir de le combler. Envisagées ainsi, loin de correspondre à des moments de stase entre les parties chantées, les pauses agiraient donc au contraire d'une façon dynamique, comme « aspiration » au sens physique du terme, ces trous dans le tissu polyphonique devant

---

36 La phrase est également attribuée à Platon, mais peut-être est-elle en fait d'Anacharsis, selon ce qu'en dit Diogène Laërce, *in Vies, doctrines et sentences des philosophes illustres*, Paris, Flammarion 1933. Cf. Jean-Marie Kowalski, *Les marins et la mort*, article consultable sur http://www.ifmer.org/assets/documents/files/revues_maritime/492/7Les-marins-et-la-mort-Actualite-dun-mythe.pdf
37 Ernst BLOCH, *Le Principe Espérance*, I, Gallimard, 1976, p. 62.

dès lors agir comme des *trous d'air*, dotés d'un fort pouvoir d'attraction.

2. De simples pauses ou des notes manquantes ?

S'il est difficile de corroborer par l'analyse formelle l'hypothèse selon laquelle chacun des silences qui parcourent la partition constituerait une sorte de note fantôme dont l'absence viendrait déstabiliser la relation des autres notes entre elles, la présence de ces pauses ne laisse pas, néanmoins, de nous questionner.

D'abord, sur le plan visuel, ces silences constituent des éléments immédiatement repérables sur la partition (puisqu'ils occupent des mesures entières) et, comme tels, ils peuvent apparaître comme venant percer le tissu compositionnel global.

Sur le plan des lignes mélodiques, ensuite, ces pauses interrompent parfois le mouvement entamé par certaines voix qui sont alors comme coupées dans leur élan. On pense notamment à la soprano 1 qui, contre toute attente, tandis qu'elle ouvre la pièce par un mouvement de quinte descendante, au lieu de prolonger sa ligne, s'interrompt dès la troisième mesure (voir l'exemple 1, ci-après).

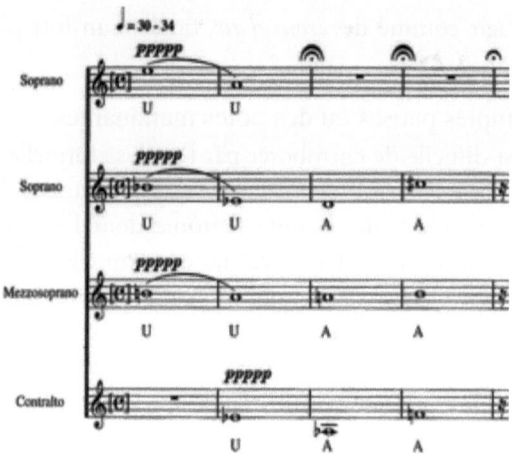

Exemple 1: Luigi Nono, ¿Dónde estás hermano? (mesures 1-4)

D'une façon analogue, si, dans l'exemple qui suit (ex. 2), ce qui est écrit de la fin de la mesure 13 jusqu'à la mesure 15 semble constituer une sorte de réplique à ce qui est écrit de la mesure 11 jusqu'au début de la mesure 13, le silence de la 1ère soprano à la mesure 15 peut apparaître comme un manque, puisqu'il prive ce deuxième accord d'une voix, si on le compare au précédent (mesures 12-13).

Exemple 2: *¿Dónde estás hermano? (mesures 11-15)*

Toutefois, le fait qu'en dépit de ce silence à la quatrième voix la mesure 15 soit dotée de trois notes différentes (quand celles auxquelles elle est censée répondre — les mesures 12 et 13 — n'en contiennent que deux) tend à atténuer le « manque » que ce même silence engendrerait. D'où la difficulté à envisager concrètement la note que le silence viendrait éventuellement remplacer et l'incertitude dans laquelle ces pauses semblent plonger la pièce.

Qu'ils soient assimilés à une « disparition » ou non, on voit du moins comment ces silences viennent jouer sur la densité de la texture générale de l'œuvre. A l'écoute, ces effacements soudains de telle ou telle voix peuvent dès lors donner la sensation de *creux* qui viennent s'immiscer dans le tissu sonore, et tendent ainsi à faire sentir des « absences » dans l'harmonie des blocs vocaux et dans leurs relations.

Enfin, ce sont parfois, non pas des disparitions, mais, *a contrario*, des « réapparitions » de notes qui peuvent également créer *a posteriori* un effet de « vide ». Il en va ainsi, par exemple, aux mesures 6 et 9, lorsque Nono, après avoir fait chanter un *Si* aigu à la 1ère soprano solo, choisit de faire chanter cette même note non plus par une seule voix mais par les deux sopranos (à l'unisson), ce qui crée à l'audition des différences de densité à partir d'une même hauteur (voir l'exemple 3, ci-dessous).

Exemple 3: Luigi Nono, ¿Dónde estás hermano? (mesures 6-9)

III. Autres statuts du silence dans ¿Dónde estás hermano?

A. La pause comme élément visuel et textural déstabilisant la relation de miroir

Le matériau élémentaire à partir duquel se constitue *¿Dónde estás hermano?* (un motif mélodique fait d'une seconde et d'une quarte — déployé soit sur le plan horizontal, soit sur le plan vertical) est constamment soumis, au cours de la pièce, à des transformations plus ou moins importantes, notamment lorsqu'il est intégré à des jeux d'écriture, fréquents chez Nono, de faux miroirs. Or, dans cette dynamique d'atténuation des symétries entre certaines séquences, le silence apporte parfois sa contribution, non seulement sur le plan graphique, mais encore sur celui de la densité du chœur.

Il en va ainsi de la relation de symétrie qui unit les mesures 34-36 aux mesures 4-6 (voir l'exemple 4, ci-après) : outre les jeux de renversement et de transposition d'un groupe de mesures à l'autre, ainsi que leurs différences rythmiques, ce qui les distingue le plus clairement correspond au silence de la 2nde soprano à la mesure 36 qui vient troubler le reflet que celle-ci offre de la mesure 4. Le miroir global que constituent les deux groupes de mesures l'un pour l'autre n'en est pas pour autant annulé, l'utilisation exclusive des intervalles de quarte et de seconde, jusque dans les choix de transposition (les mesures 5-6 sont transposées au triton inférieur aux mesures 34-35, et la mesure 4 l'est à la seconde supérieure aux mesures 35-36) créant un lien indéniable entre toutes ces mesures qui répondent à une logique de reproduction *différante* les unes par rapport aux autres.

Exemple 4: Luigi Nono, ¿Dónde estás hermano?, mesures 34-36/4-6

B. Nuances pppppp : un presque silence

Autre caractéristique marquante de cette œuvre, ses sextuples pianissimos semblent côtoyer la frontière entre son et silence. Sur un plan sémantique, ces sons presque inaudibles peuvent d'ailleurs surprendre en ce qu'ils s'opposent à la dynamique contenue dans l'urgence de la question posée par le chœur. On aurait en effet plutôt tendance à *crier* « où es-tu ? » qu'à le murmurer. Mais c'est tout le problème posé par le disparu qu'on ne sait plus *où* chercher. Le *pppppp* relaie matériellement cette situation indéfinie et traduit autant des cris lointains, étouffés, qui souligneraient la distance d'avec le disparu, qu'un quasi-silence, sans que l'on parvienne d'ailleurs à déterminer s'il s'agit d'un son à l'orée du silence ou au contraire d'un silence à l'orée du son. Ici encore, ce qui semble intéresser Nono, c'est d'approcher au plus près la frontière entre l'être et le néant, et de confectionner un tissu très mince qui ne tient plus *qu'à un fil*. Avec les *pppppp*, on est pour ainsi dire *sur le fil* entre son et silence, ou même plutôt dans une pure tension vers le son, dans une *intention* de son. On a donc encore affaire à une disparition des sons, mais elle est exprimée cette fois comme processus, comme tendance progressive vers le silence qui alors n'en est jamais tout à fait un, et qui serait l'*alter ego* de ce que dans le quatuor à cordes l'un des fragments de Hölderlin désignait sous le terme de « riche silence »[38].

C. L'influence rythmique du silence

Comme on peut le voir ou l'entendre d'emblée, la dimension contrapuntique de ¿*Dónde estás hermano?* est *quasi* inexistante. Cependant, parler de stricte homorythmie ne conviendrait pas non plus tout à fait car les voix ne chantent pas toujours toutes en même temps. Dès lors, et c'est une autre de ses fonctions au sein

---

38 ...*Wenn in reicher Stille*..., fragments 18 et 20 du quatuor à cordes. Cf. Friedrich HÖLDERLIN, *Diotima*, version la plus ancienne, ["*Habe, wenn in reicher Stille Habe, Wenn in einem Blick und Laut* "] [j'ai quand en riche silence, d'un seul regard, d'une voix], *in* ID., *Œuvre poétique complète, op. cit.*, p. 318.

de la pièce, le silence devient le facteur polyrythmique, aussi modeste soit-il, de l'œuvre. Même si le tempo très lent ainsi que les longs points d'orgue tendent à dissoudre tout rythme et même à gommer toute sensation de pulsation, le silence est malgré tout l'élément qui vient assurer un semblant de contrepoint à cet austère choral. On peut ainsi considérer, si l'on reprend la définition qu'en donne Pablo Fessel[39], qu'en tant qu'il instille un élément de « discontinuité dans la continuité » homorythmique de l'œuvre, c'est le silence qui en crée la texture rythmique verticale (mesures 5-6 ; 11-12 ; 14-15).

On peut supposer ici la portée symbolique d'un tel dispositif : à la solidarité et à l'égalité des voix présentes qui fonctionnent en homorythmie (sans être pour autant *uniformes*, le chœur n'étant pas toujours « à l'unisson ») s'adjoint un élément qui en travaille en creux l'homogénéité, comme les disparus, au sens le plus large du terme, questionnent et déstabilisent le tissu social. On trouve un élément de confirmation de cette hypothèse dans le titre même de l'œuvre : d'un côté la notion de « frère » (« *hermano* ») reflète autant une certaine universalité que l'idée d'un « même différent » chère à Nono, mais de l'autre la question qui lui est posée (« *¿Dónde estás?* ») défait déjà un peu l'évidence et la solidité du lien fraternel. Un signe d'espérance cependant : en la posant aussi directement, Nono considère malgré tout l'absent comme un être encore présent parmi nous.

Conclusion

Que ce soit par le truchement de silences qui sont comme autant de « creux » dans l'harmonie des blocs vocaux, que ce soit par l'hypostase d'un texte enfoui que la composition musicale porterait encore en elle, ou encore par la puissance expressive d'un texte

---

39   « *El término "textura" designo cierta forma de discontinuidad en la continuidad* ». (« Le terme de "texture" désigne une certaine forme de discontinuité dans la continuité. ») Lire l'article de Pablo FESSEL, « Texture et nominalisme dans la musique du XXe siècle », dans ce numéro même de la revue *Arts8*.

pourtant muet, Nono semble vouloir, avec les deux quatuors que nous avons commentés ici, éprouver notre capacité à percevoir des présences qui se manifesteraient derrière une série d'absences.

Sorties du tissu textuel et compositionnel *apparent*, ces présences ne pourraient-elles pas, en effet, se manifester en négatif, et chercher à s'exprimer en filigrane, comme un disparu qui depuis son absence parviendrait néanmoins à *transparaître*[40] ? Car, à la différence d'un simple vide, le silence de ce qui a disparu contient une force de souvenir, une tension du passé, qui n'empêche pas cependant une tension vers l'avenir, puisque l'espoir d'un retour lui est associé. A cette série de « disparitions » que nous avons tenté de décrire précédemment s'assimile donc tout autant l'idée d'une « image dialectique » benjaminienne qui attend depuis le passé où elle est enfouie l'éclair de l'avenir qui la « sauvera », que celle d'un « ne-pas-encore » ou d'un « être-à-venir » de l'ontologie développée par Ernst Bloch.

Mais au-delà de ces problématiques, la question de la disparition contient, plus particulièrement pour *¿Dónde estás hermano?*, un autre élément à réfléchir, en l'occurrence celui du lieu. Outre le problème de savoir s'il *est* encore, le disparu pose en effet la question de l'endroit *où* il se trouve, ces limbes indécises qui le mettent lui-même à la frontière non seulement entre l'être et le néant, mais encore entre un quelque part et un nulle part. L'enjeu n'est probablement pas purement formaliste pour Nono qui semble associer symboliquement l'ambiguïté tant ontologique que topologique de ces « absences », telles que nous avons pu les observer dans le quatuor vocal de 1982, à la douleur suscitée par la disparition de ceux auxquels l'œuvre est dédiée. La situation de ces disparus ne peut d'autant moins laisser indifférent ce « musicien-militant » qu'elle est la conséquence d'une politique qu'il a toujours combattue, non seulement pour son caractère antidémocratique, mais encore parce que la sinistre technique répressive des disparitions de citoyens met clairement à exécution la menace d'une élimination des morts eux-

---

40 Pour parler à nouveau comme Jean BAUDRILLARD, *op. cit.*

mêmes. (Cette menace rejoint d'ailleurs, d'une certaine manière, ce contre quoi Walter Benjamin avait, des années auparavant, mis en garde ses propres lecteurs, à propos des auteurs que l'Histoire officielle voudrait oublier : « Si l'ennemi triomphe, même les morts ne seront pas en sûreté »[41].) En venant dénoncer cette propension du vainqueur à nier l'histoire et l'identité même du vaincu, jusqu'à l'enfouir, ces « absences » et ces « disparitions » dont nous avons souligné le caractère tant relatif que paradoxal nous apparaissent ainsi comme une force de résistance dans l'œuvre du Vénitien, le symbole de ce qui persiste à rayonner même quand on voudrait l'étouffer.

---

[41] Cf. Walter BENJAMIN, *Sur le concept d'histoire* (1940), trad. M. de Gandillac, in *Œuvres* III, *op. cit.*, p. 431.

Dimensions de l'éthique et catégories compositionnelles : le cas de Klaus Huber

Jean Paul Olive

Engagement et œuvre d'art

Dans un petit texte des *Notes sur la littérature* où il débat avec les idées de Sartre et de Brecht sur la question de l'engagement artistique, Th. W. Adorno écrit : « L'art ne consiste pas à mettre en avant des alternatives, mais à résister, par la forme et rien d'autre, contre le cours du monde qui continue de menacer les hommes comme un pistolet appuyé contre leur poitrine »[1]. Selon l'auteur, cette résistance de l'art réside avant tout dans la position de liberté de celui-ci et c'est cette autonomie radicale qui, en quelque sorte, ne veut tenir compte ni d'exigences idéologiques, ni des besoins du marché et des nécessités commerciales, qui constitue un comportement d'opposition frontale au cours du monde. Pour compléter cette première prise de position, Adorno rappelle un peu plus tard dans le même texte une seconde idée aux accents toujours polémiques et qui a bien souvent créé des malentendus quant à la pensée du philosophe de Francfort : « Il n'est pas de contenu, pas de catégorie formelle d'aucune œuvre littéraire qui ne soient issus, même sous une forme détournée, méconnaissable, dissimulée à ses propres yeux, de la réalité empirique dont elles s'efforcent de se dégager. C'est là, comme par le déplacement et le regroupement de ses moments au moyen de la loi de sa forme, que l'œuvre a un rapport avec la réalité »[2]. En donnant pour exemple, en littérature, les œuvres de Kafka et de Beckett comme modèles possibles d'une forme d'engagement sans que rien chez ces auteurs ne puisse se réduire à un message, Adorno indique clairement la direction qu'il

---
[1] Theodor W. ADORNO, *Notes sur la littérature*, traduit par Sibylle MULLER, Paris, Flammarion, coll. « Champs », 2009, p. 289.
[2] *Ibid.*, p. 300.

défend : c'est dans l'agencement même de l'œuvre, dans la complexion interne qu'elle propose au lecteur, à l'auditeur, au spectateur, que l'œuvre, à la fois, démonte l'apparence traditionnelle qui se donne pour évidente et pousse le récepteur à adopter un comportement différent en réponse à sa propre altérité. En quelque sorte, là où les œuvres proposant un message engagé ne font que réclamer un changement de comportement, les œuvres que défend Adorno, souvent attaquées pour formalisme, mettent en pratique ce changement de comportement, ce qui rend leur réception plus difficile et moins confortable. C'est en gardant ces éléments en mémoire qu'on souhaiterait aborder l'œuvre de Klaus Huber.

Klaus Huber, compositeur engagé

Compositeur suisse né en 1924 d'ascendants musiciens, Klaus Huber apprend le violon et la composition avec Willy Burkhardt, son parrain, à Zurich dans une Suisse où il n'est guère possible, à cette époque, de s'ouvrir aux expériences musicales de la France ou de l'Allemagne, ce qui pourra expliquer certains traits de l'écriture de Huber à ses débuts (comme c'est aussi le cas de G. Ligeti et de G. Kurtag). Dans les années 1950, l'écriture de Huber n'est pour ainsi dire pas encore complètement formée et obéit dans beaucoup de pièces aux principes d'un contrepoint qui s'inspire fortement de l'héritage de la musique ancienne ; cette inspiration puisée aux sources des musiques de la Renaissance restera une strate incontournable de l'écriture de Huber, une composante profondément ancrée du style du compositeur suisse, mais qui cependant évoluera considérablement dans les décennies suivantes.

Au début des années 50, Huber va aller étudier à la Hochschule de Berlin dans la classe de Blacher, avec qui il étudiera notamment deux compositeurs qui demeureront essentiels pour son écriture : Mozart et Webern. Il retiendra aussi de l'enseignement de Blacher une attitude pédagogique très ouverte qui admet chez les étudiants une grande diversité de styles et de positions : Huber parle à ce sujet d'une « critique très fondée qui poussait à composer ce que l'on désirait même si cela lui était étranger ». À la fin des années 50, en même temps que la Suisse s'ouvre à la diversité de la musique contemporaine, Huber transforme son écriture tout en continuant à suivre un cheminement personnel et relativement solitaire, caractérisé par plusieurs exigences : par exemple, Huber aspire à écrire une musique qui recèle une dimension d'utopie pour laquelle l'importance du canal émotionnel est essentielle : « je crois à l'émotion, écrit-il, à l'importance du cœur et de l'amour. À mon avis, le cœur a une valeur supérieur à l'intellect, pour l'avenir de l'humanité et pour l'avenir de l'art. »[3] À cette époque, la musique de Huber intègre nombre de gestes expressifs — figuralismes ou techniques d'écriture hérités du passé — qui lui servent à transmettre le caractère affectif, émotionnel, de ce qui l'a touché et qu'il transcrit musicalement grâce à ces éléments. Il s'agit là, en quelque sorte, de son premier rapport intime à la tradition, un rapport qu'on comprendra mieux si l'on ajoute que Klaus Huber est chrétien, empreint d'une religiosité qu'il veut débarrassée de tout débordement affectif ; son geste compositionnel pourrait plutôt se définir comme une volonté de retour vers l'intériorité, vers un silence intérieur à partir duquel l'artiste peut créer un monde ; cette position, Huber l'exprime clairement et avec conviction : « On pense toujours que le mysticisme est une fuite vis-à-vis de la vie et de la réalité, mais cela ne me paraît pas juste, c'est une recherche intérieure certes, mais pour le vrai mystique, il y a une identité très forte entre l'intérieur et l'extérieur. On retrouve cela dans certaines philosophies extrême-orientales : l'homme découvre le monde, et il n'est plus possible d'opposer ce qui est au-dehors à ce qui est au-dedans »[4].

Il est impossible d'évoquer chez Huber cette dimension religieuse sans aborder le versant, largement complémentaire chez lui, d'un fort engagement politique qui passe par la prise en compte de la souffrance comme dimension incontournable de l'existence dans le monde actuel, c'est-à-dire la prise de conscience de sa propre

---

3 Klaus HUBER, « Entretien », in Philippe ALBÈRA (dir.), *Klaus Huber. Au nom des opprimés: écrits et entretiens*, Genève, Contrechamps éd, 2012, p. 13.
4 *Ibid.*, p. 10.

souffrance, certes, mais aussi de celle d'autrui ; après les années 50 apparaît clairement chez Huber l'intention, non pas de choquer le public comme l'avait largement expérimenté l'avant-garde du début du XXe siècle, mais de l'ébranler émotionnellement en s'efforçant de toucher ainsi par la musique le cœur d'une société dont il pense qu'elle est devenue apathique (et c'est d'ailleurs dans ce contexte esthético-politique que le jeu de la citation prend sa place dans les œuvres du compositeur suisse).

À cet engagement vis-à-vis des événements du Monde correspond chez Huber un engagement clair dans son attitude concrète au sujet de la musique et de la composition : en 1969, par exemple, il fonde le séminaire international de composition à Boswil, en Suisse, dans le but conscient de créer un lieu d'expérimentation et d'échanges entre créateurs et étudiants ; puis, de 1973 à 1990, il dirige la classe de composition et l'institut de Nouvelle Musique à la MusikHochschule de Fribourg-en Brisgau. C'est là qu'il aura pour élèves Wolfgang Rihm, Michael Jarrel et Brian Ferneyhough — celui-ci y occupera d'ailleurs pendant un temps la charge d'assistant de Huber. Ferneyhough, précisément, a fait remarquer à propos de Huber que, bien que celui-ci n'ait jamais renoncé à son ancrage dans les pratiques de compositions médiévales et sérielles, il abordait toujours la composition avec une très grande ouverture au monde, « chaque œuvre étant en même temps une réponse hautement individuelle à une série de faits réels clairement définis et techniquement ajustés et, en même temps, une réflexion précise et toujours renouvelée sur le rapport des langages musicaux contemporains et du monde réel, imparfait dans lequel ils coexistent »[5].

De quelques idées musicales de Klaus Huber

C'est donc sous l'angle des relations entre d'un côté, la dimension éthique liée aux positions du compositeur vis-à-vis de la société et, de l'autre côté, l'ensemble des techniques, matériaux et pro-

---

[5] Brian FERNEYHOUGH, « Envoi », *in* Philippe ALBÈRA (dir.), *Klaus Huber. Au nom des opprimés: écrits et entretiens*, Genève, Contrechamps éd, 2012, p. 9.

cessus de composition déployés qu'il est intéressant d'observer l'écriture de cet artiste et, peut-être, plus particulièrement encore, la question de la temporalité singulière rencontrée dans certaines de ses oeuvres. On n'ignore évidemment pas ce qu'il y a de risqué à vouloir établir des parallèles entre ces deux sphères, bien que les propos de Huber lui-même y conduisent. Aussi, pour aborder l'œuvre et avant d'observer plus particulièrement cette question de la temporalité, il semble utile d'aborder quelques caractères sur lesquels s'est arrêté Philippe Albéra lui-même dans sa préface du livre de Huber, intitulée « Forme de l'utopie », les définissant comme des traits spécifiques de l'écriture de l'artiste :

1. Il y a tout d'abord le rapport singulier à l'expression car, comme on l'a déjà évoqué, les idées musicales sont chez Huber intimement liées par l'expression à des situations précises, à une vision du monde qui considère comme central la dénonciation de la souffrance et de l'injustice ; on trouve ici, clairement assumée et même revendiquée, une dimension « humaniste » qui n'accepte pas tout à fait l'idée d'une musique absolue si cette dernière s'identifie à une musique enfermée dans la tour d'ivoire de l'art pur. Huber, dans certains textes, va même jusqu'à parler pour l'œuvre d'une fonction de miroir, mais en donnant à cette expression un sens tout particulier : si l'œuvre, pour lui, reflète le monde du visible de façon critique, elle reflète tout autant le monde invisible, spirituel.

2. il ne s'agit pourtant pas de message porté par l'œuvre car, en dépit de son engagement, Huber ne vise pas à forger des opinions ; il cherche à transmettre des émotions et c'est la raison pour laquelle la catégorie d'expression demeure au centre de ses préoccupations, une expression dont le sens est complexe, mais qui forme assurément un ressort de l'écriture. Albéra définit ainsi ce trait : « C'est par la nature même des émotions – choc, surprise, éblouissement, mais aussi angoisse, pitié, révolte, vision – qu'est rendue possible et souhaitable ce qu'il appelle avec les penseurs de la théo-

logie de la libération, une "conversion", un retournement radical de la pensée et de la sensation, un renversement de l'action »[6].

3. Il existe pour le compositeur une véritable dialectique entre la beauté artistique – celle-là même qui pouvait au départ être vécue comme un refuge pour la pensée et l'âme – et l'ouverture, l'exposition à l'extérieur, au monde, à l'intervention en tant qu'artiste. L'engagement artistique se manifeste aussi dans la réflexion continue afin de proposer des solutions à des problèmes concrets de l'écriture, dans une sorte d'expérimentation au sein du monde utopique de l'art, certes, mais qui, à bien des égards, propose des modèles à la fois réactifs, révoltés parfois même, mais aussi productifs et positifs pour l'extérieur. C'est le sens de la création du séminaire de Boswil en 1969, puis de l'Institut pour la Nouvelle Musique à Friburg ; c'est aussi le sens de textes tels que « Anti-Babel » ou « Quittez votre table de travail » dans lesquels Huber exprime des propositions concrètes pour un comportement de compositeur ouvert vers la sphère de l'interprétation et en direction du public.

4. On observe chez Huber une deuxième dialectique qui se joue entre le cheminement d'une recherche intérieure et l'engagement sociopolitique, deux plans que le compositeur n'imagine pas pouvoir distinguer. Il s'agit pour Huber d'une même évolution dans laquelle le moi individuel doit être dépassé, attitude qui le conduit à deux autres prises de positions intéressantes : tout d'abord, ceci l'amène à refuser la différenciation conventionnelle entre forme et contenu, l'écriture musicale s'exprimant pour lui dans ses structures mêmes ; par ailleurs, cette logique induit chez lui le fait de dépasser la contradiction entre l'emploi de moyens techniques résolument contemporains et la persistance, la résurgence, de formes et matériaux historiquement dépassés qui surgissent dans sa musique ; son écriture, dit Albéra, tente « une syn-

---

6   Philippe ALBÈRA, « Forme de l'utopie », *in* Philippe ALBÈRA (dir.), *Klaus Huber. Au nom des opprimés: écrits et entretiens*, Genève, Contrechamps éd, 2012, p. 12.

thèse entre des processus musicaux "avant-gardistes" et des emprunts ou des références au passé »[7].

Klaus Huber, Ernst Bloch, l'utopie

Dans plusieurs textes et entretiens, Klaus Huber rappelle son attachement aux idées philosophiques d'Ernst Bloch, particulièrement en ce qui concerne les questions de l' « Espérance », de l'utopie concrète et de la conception d'une temporalité dynamique, ouverte aussi bien en direction du passé que de l'avenir : « J'ai été très influencé par la pensée de Bloch, écrit Huber, et tout particulièrement par cette idée qu'il existe deux bords de la conscience, l'un tourné vers le passé, l'autre tourné vers le futur, et c'est ici que doit se lever ce que l'on ne connaît pas encore, comme se lève la lumière de l'aube. »[8] Dans un texte rédigé en 1980 — « Je propose : pas de musique pure » —, Huber s'appuie sur l'idée du « Principe Espérance » de Bloch pour fonder sa foi dans l'acte créatif comme modèle d'utopie concrète ; il est par ailleurs intéressant de constater qu'Huber fait aussi référence à l'écriture de B. A. Zimmermann, compositeur qu'il admire profondément, pour montrer comment la conception du temps de ce dernier intègre musicalement de multiples couches de temporalité — notamment des strates liées au passé musical — qui coexistent au sein d'une conception ouverte sur l'avenir, pensée musicale qui propose une sorte de modèle artistique utopique en direction du monde empirique.

Chez Bloch, trois catégories au moins offrent des correspondances intéressantes avec l'œuvre de Klaus Huber. La première est celle de « pré-apparaître » (*Vorschein*), c'est-à-dire ce qui, dans les œuvres, recèle une dimension de « pas-encore-conscient » ou, à un niveau objectif, ce que Bloch nomme encore un « pas-encore-devenu » qui est déposé dans les oeuvres comme un excédent utopique que le présent reçoit en offrande des œuvres du passé. On peut reconnaître des éléments proches de ce « pré-apparaître » dans

---

7 *Ibid.*, p. 15.
8 *Ibid.*, p. 31.

la manière qu'a Klaus Huber d'expliquer sa conception du temps (cf. ci-dessous). Les deux autres catégories susceptibles de nous intéresser ici sont présentes dans le livre de Bloch, *Héritage de ce temps*, un ouvrage important que le philosophe rédigea pendant la montée du nazisme alors qu'il tentait d'éclairer les mécanismes collectifs secrets, souterrains, d'une société bourgeoise entrée dans un vaste processus de décomposition. Dans un tel contexte historique, Bloch émet l'hypothèse qu'il existe dans le temps présent, dans la société présente, une dimension de non-contemporanéité jouant un rôle important ; il fait l'analyse de cette dimension non-contemporaine, de ce qui dans le présent est encore le passé, en y distinguant des strates qui, bien sûr, attirent la société vers un mouvement régressif, mais aussi d'un autre côté, des strates qui transcrivent dans le social les attentes non réalisées du passé, qui persistent en tant que désirs refoulés par le social. Bloch différencie également des strates subjectives et objectives de la non-contemporanéité et l'ensemble de ces distinctions expliquent partiellement la grande hétérogénéité des comportements au sein de la société. Finalement, relevant l'ensemble des contradictions qu'une telle dimension recèle, Bloch défend une lecture dialectique de ces phénomènes afin de comprendre l'action de ces strates multiples enkystées dans le présent, qu'il nomme non-contemporaines. Si l'on effectue un transfert de ces idées vers le plan esthétique, ce qu'opère Bloch lui-même dans *Héritage de ce temps*, c'est alors en termes de pluralité de matériaux, de techniques et de processus qu'il faut observer les œuvres : on interroge alors l'action menée par le compositeur lorsqu'il décide d'associer entre elles de multiples strates héritées du passé dont certaines sont plus ou moins vivaces et recèlent des potentialités utopiques.

La troisième catégorie, intimement reliée à la précédente correspond dans un sens à son déploiement dans le champ de la culture ; c'est la catégorie du montage qu'analyse Bloch dans toute sa complexité, en dégageant divers niveaux d'utilisation de cette technique, du montage le plus immédiat et simplement destructeur des surfaces conventionnelles jusqu'au montage le plus médiat et le plus réfléchi, comme celui qu'on rencontre dans certaines œuvres de l'avant-garde au début du XXe siècle. Or, précisément, on verra bientôt que Klaus Huber lui-même revendique, du moins partiellement, pour ses oeuvres la catégorie de montage en tant que processus possible de composition.

Dans une conférence sur le temps musical intitulée « De temps en temps », Huber distingue trois aspects du temps compositionnel : tout d'abord, le temps mesuré, rationnel, de la pulsation, le temps du calculable qui permet aussi d'effectuer la construction d'une œuvre et son écriture ; ensuite, le temps vécu, celui de l'expérience qui constitue, si l'on peut dire, l'épaisseur de la durée ; enfin, le temps anticipé, équivalent au temps créatif pour Klaus Huber qui s'appuie ici sur les écrits d'Hölderlin sur la poésie. Chez ce dernier, en effet, l'une des questions importantes est celle des relations qu'entretiennent le temps mesuré et le temps vécu, ou dit autrement, celle de la possibilité et de la qualité d'une relation entre la dimension du calculable et le sens vivant qui ne peut être calculé. Comme Hölderlin, Huber en arrive à l'idée que l'œuvre devrait naître dans l'interaction des deux composantes, le sens vivant s'exprimant à travers le principe calculable pour le dépasser. Le temps anticipé constitue la dimension imaginative, créative de la composition, une dimension qu'Huber nomme aussi « pré-audition », une faculté dont il dit qu'on ne peut pratiquement pas l'apprendre, mais qu'on peut la développer par l'expérience. Cette pré-audition n'est pas sans rapport avec les catégories du non-encore-conscient et du pré-apparaître chez Bloch, catégories qui sont à la genèse du nouveau en art et en musique, liées à la capacité de produire ce qui n'existe pas encore, d'en avoir l'intuition et de pouvoir le construire.

Le travail de la temporalité

Du point de vue des techniques d'écriture, Klaus Huber a développé ses propres manières de gérer la dimension calculable de la composition dont il vient d'être question ; on repère en effet dans son écriture un certain nombre d'opérations pratiques parmi lesquelles les trois suivantes semblent s'imposer dans ses œuvres :

- le travail de variation sur les proportions rythmiques (*prolatio*), qui fait varier la vitesse des événements dans chacune des voix en présence tout en maintenant une relation d'unité entre elles ;

- l'emploi de ce qu'on pourrait appeler des « grilles de durée », que Huber obtient en effectuant des constructions géométriques qui captent les événements sonores comme des filets temporels ;

- la fabrication de vagues temporelles que le compositeur va généralement jusqu'à dessiner afin qu'elles soient interprétées en conséquence.

Huber emploie ces techniques compositionnelles pour produire et animer des strates relativement hétérogènes et autonomes dans ses partitions, des strates présentant chacune une temporalité différente. Plus généralement, il estime travailler selon les principes d'une construction en montage : « J'aime beaucoup les transitions imprévues, la transformation d'une idée en son contraire avec les mêmes moyens compositionnels. C'est pourquoi je me refuse à écrire une musique "déductive" ; je lui préfère une musique avec des ruptures, des coupures, comme dans un film. J'ai ainsi utilisé très tôt la technique du montage. J'ai besoin qu'il y ait soudainement des ruptures. »[9] La forme du montage a même parfois conduit le compositeur à spatialiser les sources de la musique afin de mieux faire apparaître, en situation de concert, la construction concrète de l'œuvre, attitude particulière qu'on pourrait rapprocher d'un musicien tel que Charles Yves.

Ainsi, *Protuberanzen*, œuvre écrite en 1986, présente un cas de figure provocant, voire extrême si l'on veut : elle est en fait composée de trois brèves pièces pour orchestre — *Die Enge des Marktes* (l'étroitesse du marché), *Implosion* et *Staübchen von licht* (particules de lumière). L'une des questions que s'est ici posée Huber et qui fut à l'origine des choix d'interprétation est : « reste-t-il encore un espace pour la production musicale contemporaine, s'il nous

---

9   Klaus HUBER, « Entretien », *op. cit.*, p. 33.

manque le temps pour la programmer et surtout la disponibilité pour l'écouter ? » Aussi, tirant les conséquences quasi immédiates d'une telle interrogation, a-t-il envisagé deux possibilités de jouer ces trois pièces : soit les interpréter successivement, soit les jouer simultanément sous la forme d'un collage préparé par le compositeur. Dans ce dernier cas, les trois groupes instrumentaux correspondant à chaque pièce sont alors spatialisés dans la salle de concert de manière à rendre évidente la perception de superposition des strates, c'est-à-dire le montage réalisé par le compositeur selon un jeu de proportions qu'il a déduit de l'écriture des pièces isolées en vue de créer un certain nombre de décalages temporels.

Dans cet ensemble de préoccupations liées à la temporalité musicale et parmi les techniques et processus mis en place par le compositeur, le montage, mais aussi la citation occupent une place privilégiée. À cet égard, il est intéressant de convoquer une métaphore que Huber emprunte au poète Ossip Mandelstam — la charrue qui retourne la terre, une métaphore voisine du « pêcheur de perles » dont parle Hanna Arendt au sujet de Walter Benjamin — et reprise par Albéra : « L'inouï, pour le compositeur (Huber), ne se confond pas avec les mirages d'une terre vierge, mais exige que le sol soit retourné pour faire apparaître, ou réapparaître, ce qui a été recouvert et enseveli. La conscience elle-même doit être retournée par une relation critique avec le réel. »[10] C'est là la véritable fonction de la citation et du montage de citations qui trouvent leur place dans l'écriture chez Huber ; mais alors que chez un compositeur comme Zimmermann, on est frappé par la conscience tragique qui habite cette même pratique, alors que chez Berio, il s'agit de la construction d'une épiphanie qui questionne le sens, l'attitude de Huber se veut à la fois critique et positive lorsqu'il importe et intègre des fragments du passé à partir desquels il travaille : ceux-ci prennent place au cœur de la construction dont ils forment même parfois la colonne vertébrale. À leur sujet, Albéra dit à juste titre qu'ils « opposent leur solidité et leur détermina-

---

10 *Ibid.*, p. 23.

tion, quand bien même leur apparence semble fragile, aux éléments chaotiques et déstabilisateurs mis en œuvre par ailleurs. »[11] Tout laisse à penser que ces matériaux ainsi finement intégrés à la texture musicale luisent pour Huber d'une lumière qui n'est autre que celle de la dimension utopique.

Les exemples sont nombreux, disséminés dans son oeuvre depuis cinquante ans : on trouve évidemment beaucoup de citations issues de pièces religieuses anciennes, soit convoquées littéralement, soit seulement évoquées à travers le mode d'écriture — parmi celles-ci, des fragments de Bach, notamment employés comme *cantus firmus* de textures modernes en strates superposées. Mais Huber a aussi composé des madrigaux en réponse à ceux de Gesualdo, chez qui les torsions harmonico-mélodiques l'avaient intéressé au plus haut point. On doit aussi citer le Kammerkonzert *Intarsi* pour petit ensemble et piano, qui inclut des fragments du dernier concerto pour piano de Mozart, compositeur avec lequel Huber a toujours senti une affinité élective ; dans le deuxième mouvement de *Intarsi* — une « étude spectrale à huit voix —, Huber fait dériver en permanence ses constellations sonores à partir d'intervalles mozartiens. La pulsation continue, subdivisée en couches superposées fondées sur des rapports de nombres premiers, est interrompue par deux *cadenze contrappuntistiche* qui « glissent comme des ombres ». Après la première guerre du golfe, Klaus Huber qui avait été profondément choqué par la violence des pays occidentaux ainsi que par le discours idéologique créateur de hiatus destructeur entre les cultures, a décidé de se tourner, pour certaines compositions, vers les modes de la musique arabe afin d'explorer un champ nouveau pour lui. Il entendait ainsi faire acte d'ouverture par sa manière d'écouter le matériau de cultures voisines tout en élargissant la palette des éléments intégrés par son écriture. Ainsi, dans le concerto *Intarsi*, Huber a délibérément cherché à transférer la fraîcheur et la légèreté mozartienne dans un espace entièrement transformé qu'il distancie étrangement de

---

11 *Ibid.*, p. 17.

l'univers tempéré du piano. Là, à nouveau, c'est vers l'univers modal des maqâms que le compositeur se tourne afin de créer cette étrangeté attirante, indiquant son intention à l'auditeur en intitulant ce dernier mouvement, tout en ouverture méditative et qui a la saveur de l'aube « Gardino arabo ».

Miserere Hominibus. Dimension éthique et pratique compositionnelle

Écrit entre 2005 et 2007 pour répondre à une commande de Rachid Safir et de son groupe *Les jeunes solistes*, *Miserere Hominibus — Mammona Iniquitatis* témoigne de l'intensité des relations entre engagement éthique et pratique compositionnelle chez Klaus Huber. La compassion propre au *Miserere* s'adresse à l'homme dont la misère est provoquée par lui-même ; le sous-titre (*Mammona Iniquatis*) insiste sur l'iniquité inexorablement liée à la voracité et au besoin inextinguible de richesses. Composée pour sept voix et sept instrumentistes[12], l'œuvre présente un montage complexe de textes choisis et disposés par le compositeur dans le but clair d'élaborer un cheminement sensible avec divers affects liés à la souffrance, à la compassion, à la révolte et à l'attente. Au centre de la constellation textuelle se trouvent, en latin, des extraits du Psaume 51 revus par le compositeur ; le psaume revient à quatre reprises, amenant à chaque fois au centre de l'œuvre la prière fondamentale exprimée dans ses premiers mots : « *Miserere nobis Deus, miserere hominibus secundum magnam misericordiam tuam* » (Ayez pitié de moi, mon Dieu, selon votre grande miséricorde). Intercalés entre ces pièces en latin qui évoquent toutes la dimension de la prière, un certain nombre de textes, en langues profanes, apportent des éléments importants : trois fragments de poèmes

---

12 Voix : 2 sopranos, 1 mezzo soprano, 1 contre ténor, 2 ténors, un baryton basse.
Instruments : 1 flûte (aussi flûte alto et flûte basse), 1 clarinette (aussi basse et contrebasse), 1 guitare (aussi théorbe), 1 harpe (plus une autre accordée en tiers de tons), 1 alto (aussi viole d'amour accordée en tiers de tons), 1 violoncelle, 1 contrebasse.

d'Octavio Paz en espagnol (*canciónes* I, II et III), un poème de Mahmoud Darwich (« O Mort, est-ce là l'histoire… »), un texte de Carl Amery, violente diatribe contre la croissance (« *Wachstum, Wachstum über alles* ») et un texte de Jacques Derrida (« Nous ? La raison du cœur »). L'œuvre se termine par un *Agnus Dei*, retour au rituel de la Messe, mais aussi reprise de la première pièce que Huber avait écrite pour l'ensemble de Rachid Safir. L'ensemble textuel, on le voit bien, est en soi déjà une prise de parole, une prise de position de l'artiste face au monde, position qu'il a exposée lui-même avec force et clarté : « Il n'est pas du devoir du compositeur d'indiquer des alternatives. Par contre, je crois fermement que les jugements acquis doivent se mettre en œuvre dans la musique quand celle-ci se risque à articuler une critique du capitalisme qui est aujourd'hui nécessaire et bientôt changera la détresse. La réification de l'homme progresse, en même temps que celle de l'art (comment pourrait-il en être autrement). Donc, je dois exercer ma résistance esthétique, en laquelle ce qui m'est conféré est possible. Benjamin dit que le capitalisme est une religion sans transcendance. Je ne peux croire ni à une musique ni à une humanité sans transcendance.[13] »

On trouve également dans la dimension de la technique compositionnelle un certain nombre de prises de parti qui sont autant de gestes d'engagement ; pour déployer la diversité d'expression qu'il convoque dans cette pièce riche où voix et instruments sont finement entremêlés, le compositeur a choisi de travailler un contrepoint complexe qu'il renouvelle à chaque pièce et dont on ne peut donner que quelques éléments. Par exemple, les quatre pièces consacrées à des fragments du Psaume 51 sont écrites à sept parties pour les voix, avec, dans certains cas, des parties instrumentales. Le climat y est à la fois calme et lumineux, déployant une continuité particulière qu'on peut interpréter, dans une certaine mesure, comme le rappel d'un temps, certes, passé, voire archaïsant, mais dans lequel le compositeur loge une forme de résistance.

---

13 K. Huber, présentation par le compositeur sur la pochette du CD *Miserere Hominibus*, 2008, Les jeunes solistes, Soupir Editions.

Il y a bien chez Huber l'idée d'opposer au temps brisé et aliéné de la société l'épiphanie d'un temps où passé, présent et futur seraient réunis ; c'est toute l'ambivalence du rapport vivant à un matériau passé et il est bien possible que, dans une partie de ses pièces, Huber ait recours à des techniques de la musique ancienne dans le but de donner à entendre cet autre temps, un temps sans tension où la communauté parlait d'une seule voix. En quelque sorte, l'expérimentation que nous livre Huber dans ces passages est comme une réflexion sensible, auditive, sur la catégorie même de « non-contemporéité » d'Ernst Bloch. Les *Canciones* I, II et III sont écrites selon des techniques de canon par inversion, par augmentation ou en rétrograde pour les voix qui sont parfois accompagnées de fines « structures bruitées » aux instruments. Là encore, des techniques du passé de la musique sont réinvesties dans la volonté de caractériser des séquences, à la fois pour leur capacité de structurer le temps et la polyphonie, mais aussi pour leur potentiel d'évocation.

Dans sa présentation de l'œuvre, Huber dit que, « pour chaque niveau de texte, [il a] élaboré des conditions propres, des méthodes génératives, des possibilités de variation, et par là des domaines d'expression. Le tout est fondé sur des principes communs.[14] » Ecrivant cela, il reprend à son compte l'injonction de l'art moderne tel qu'elle a été exprimée par Paul Klee lorsque celui-ci déniait toute distinction entre expression et construction. Le compositeur peut bien aller chercher des matériaux et des procédés d'écriture du passé dès lors que la construction, en toute conscience, n'utilise pas ces éléments comme des coquilles vides et rigides, mais comme des résurgences possibles d'une expérience, les actualisant comme des matériaux pour l'expression. C'est la même raison qui a poussé Klaus Huber, on l'a dit, à se tourner vers des modes arabes qu'il fait cohabiter dans sa musique avec l'héritage de la polyphonie vocale de la Renaissance. Dans *Miserere Hominibus*, on trouve ainsi des maqâms (dont le mode funèbre le sâbâ

---

14 *Ibid.*

dans la première pièce), qui coexistent avec d'autres constructions linéaires ou verticales (par exemples des constellations de « tierces mineures justes » à base de tiers de tons ou encore des échelles comprenant des trois quarts de tons).

C'est sans doute l'unité d'expression qui permet à ces matériaux différents de cohabiter dans l'œuvre sans donner une impression d'hétérogénéité ; mais sans doute faut-il ajouter qu'il ne s'agit pas ici d'expression au sens subjectif d'un ego centré sur lui-même, mais de la mise au service de tout le savoir et de toute la sensibilité du compositeur vers le déploiement dans le champ sensible et émotionnel de formes déroulées susceptibles de réveiller, autrement que par la communication, la conscience de celui qui perçoit une telle musique ; c'est en fait ce déroulement sensible qui forme le contenu de l'œuvre en tant qu'expérience esthétique et cette expérience, à son tour, est susceptible de transformer le sujet récepteur et ses affects. Ecoutant autrement parce que ce qui lui est proposé ne peut se réduire à ses habitudes d'écoute, l'auditeur entame un changement de perception qui peut l'amener à des modifications des autres dimensions du comportement ; amené à s'ouvrir à quelque chose qu'il ne comprend pas immédiatement, son attitude de jugement se voit modifiée et le conduit à une ouverture face à ce qui lui est différent. S'ouvre alors la possibilité d'un autre comportement face à l'altérité. C'est un tel chemin que propose la composition musicale moderne afin de lutter contre les habitudes perceptives qu'encourage massivement le système de l'industrie culturelle. C'est ainsi qu'il faut comprendre la phrase d'Adorno : « En tant qu'elles sont purement fabriquées, produites, les œuvres d'art, même littéraires, renvoient à la *praxis* dont elle veulent s'écarter : la production de la vraie vie. »[15]

---

15 Theodor W. ADORNO, *Notes sur la littérature*, op. cit., p. 305.

...sofferte onde serene..., un cheminement phénoménologique

Fabien San Martin

Introduction

Fréquent pourvoyeur de tout un fonds secret, Luigi Nono aime à faire passer *par la bande* les figures de quelques mondes immergés : « disparus » argentins, révolutionnaires sud-américains, poètes maudits. Mais comment faire passer toute une ville ? Difficile gageure, et pourtant…

Dans *…sofferte onde serene…*, une œuvre pour piano et bande magnétique qu'il compose en 1976 pour son ami Maurizio Pollini, le monde que le compositeur vénitien fait à nouveau passer en *contre-bande* est bien, entre autres, sa propre ville, dont les éléments sonores sont médiés à la fois par le jeu souple du pianiste et par la bande magnétique qui en diffuse des échos en contrechant. Constituée de traits caractéristiques du jeu virtuose de Pollini et de la cristallisation de certains de ses gestes pianistiques qui peuvent parfois évoquer des bruits typiques de la Giudecca (cloches lointaines, clapotements de l'eau sur les quais, etc.), la bande est comme l'empreinte sonore de l'interprète à laquelle le dispositif musical imaginé par Nono le confronte en temps réel : tel un voyageur et son ombre, le pianiste glisse ainsi sur son « onde » propre.

S'il n'y a ni texte caché, ni mesures manquantes (comme ce sera le cas, par exemple, pour *Fragmente-Stille, an Diotima*[1] et *¿Donde estás, hermano ?*[2]), il y a cependant une part de mystère,

---

1 Cf. Luigi NONO, *Fragmente-Stille, an* Diotima (1979-1980), pour quatuor à cordes, Ricordi, Milan.
2 Cf. ID., *¿Dónde estàs, hermano?* (1982), pour quatre voix de femmes, Ricordi, Milan.

dans cette œuvre. En effet, les sons diffusés par la bande magnétique représentent un double-fond sonore qui, pour audible qu'il soit, n'en demeure pas moins en retrait de ce qui constitue la partie émergée de l'œuvre, à savoir sa partie jouée *live*. Et l'on s'interroge alors : *qu'entend-on* ? Car si le pianiste est soumis à l'étrange épreuve d'une confrontation avec un autre lui-même, l'expérience n'est pas moins troublante pour l'auditeur dont la capacité de perception est ainsi mise à l'épreuve, quand il devient difficile de distinguer entre les sons *live* et les sons diffusés par la bande.

De fait, Nono s'est toujours intéressé aux problèmes que soulevaient les questions liées à la perception ; c'est ce que nous verrons dans une première partie. Mais le travail effectué pour ...*sofferte onde serene...* semble s'inscrire plus délibérément dans une démarche phénoménologique. Ici, comme on le verra ensuite, la nature même du matériau utilisé et le dispositif compositionnel invitent souvent à l'effort d'une véritable *épochè*.

Par ailleurs, outre cette interrogation sur le phénomène audible *apparent*, cette œuvre nous questionne sur ce qui peut être perçu de ce qui a pourtant vocation à passer *par la bande*, de ce qui nous parviendrait *indirectement*, comme on l'étudiera dans un dernier temps : les échos de Venise, la « *serene* », dont les ondes avaient souffert, dans les mois qui précédèrent la composition de l'œuvre, du deuil qui avait atteint Nono ainsi que son ami Pollini.

I. *Les méditations paciennes de Luigi Nono*

1. *L'art comme outil phénoménologique*

« Un aspect est cependant déterminant dans le parcours musical de Nono [...]. *Le fait que la dynamique et le timbre deviennent les facteurs essentiels de la composition.* »[3] En travaillant plus particulièrement les paramètres évoqués ici par Luigi Pestalozza, Luigi Nono a, notamment à partir des années soixante-dix, cherché à

---

3   Luigi PESTALOZZA, notice du disque *Luigi Nono, la lontananza nostalgica utopica futura [...]* – Album CD - Deutsche Grammophon, 435870-2 GH, 1992, p. 17. Traduit de l'italien par Angelo Cantoni. Je souligne.

privilégier dans ses compositions les matériaux musicaux les plus directement liés au sensible. Ce faisant, il chercha à développer *via* sa musique une relation nouvelle au monde en interrogeant puis en ouvrant notre sentir à de nouvelles expériences, en élargissant notre perception du réel, appréhendé non pas depuis un lissage conceptuel, mais depuis ses aspérités, depuis son relief, à rebours d'une démarche positiviste qui privilégierait au contraire le penser sur le sentir mais qui dans le même temps, en nous donnant à connaître un monde modélisé, finirait par en dissoudre toute vie.

> « Le sentir, écrit Merleau-Ponty, est cette communication vitale avec le monde qui nous le rend présent comme lien familier de notre vie. C'est à lui que l'objet perçu et le sujet percevant doivent leur épaisseur. Il est le tissu intentionnel *que l'effort de connaissance cherchera à décomposer.* »[4]

Le « sentir », ou, pour employer l'expression de D.H. Lawrence, la « connaissance intuitive »[5] permet donc une recomposition du monde que la *conception* qu'on s'en fait tend à décomposer. Dès lors, toute sollicitation de nos sens, telle que l'art, par exemple, le propose, permet d'abord une distanciation de toute représentation purement idéelle du monde et en rend possible ensuite une nouvelle perception. L'art permet, en effet, de considérer l'objet dans sa particularité et non pas en tant qu'il est subsumé sous une catégorie donnée qui finit par nous le rendre *imperceptible*. Ainsi, tout musicien qui, à l'instar de Nono, privilégierait les paramètres les plus directement liés au « sentir » travaillerait également à l'arraisonnement philosophique de notre perception, aussi

---

4 Maurice MERLEAU-PONTY, *Phénoménologie de la perception*, [2e éd., Paris, Gallimard, coll. « Bibliothèque des idées », 1945, vol. 1, p. 64. Je souligne.
5 A propos de Paul Cézanne, l'écrivain britannique expliqua en effet comment l'artiste doit, pour découvrir une expérience intime et originale du monde qui l'entoure, « se débarrasser du concept pour arriver à une connaissance intuitive. » David Herbert LAWRENCE, *Eros et les chiens*, traduit par Thérèse LAURIOL, Paris, C. Bourgois, 1969, p. 238-261. Cité *in* Gilles DELEUZE, *Francis Bacon: logique de la sensation*, Paris, Éd. du Seuil, coll. « L'ordre philosophique », 2002, p. 84.

bien, mieux peut-être, que le phénoménologue qui voudrait retrouver la perception du monde enfouie sous son concept.

> « Le premier acte philosophique, nous dit Merleau-Ponty, serait donc de revenir au monde vécu en-deçà du monde objectif, puisque c'est en lui que nous pourrons comprendre le droit comme les limites du monde objectif, de *rendre à la chose sa physionomie concrète*, [...] de retrouver les phénomènes, la couche d'expérience vivante à travers laquelle autrui et les choses nous sont d'abord donnés, le système "Moi-Autrui-les choses" à l'état naissant, de *réveiller la perception* et de déjouer la ruse par laquelle elle se laisse oublier comme fait et comme perception au profit de l'objet qu'elle nous livre *et de la tradition rationnelle qu'elle fonde.* »[6]

Dans sa *Phénoménologie de la perception* – ouvrage auquel Nono se réfère dans un texte de 1960 intitulé *Texte-Musique-Chant*[7] – Maurice Merleau-Ponty réhabilite, notamment contre Descartes, notre perception du monde sensible, non seulement comme sujet digne de recherche pour la philosophie, mais encore pour son caractère de vérité. Ainsi, pour lui, « chercher l'essence de la perception, c'est déclarer que la perception n'est pas présumée vraie, mais définie pour nous comme *accès à la vérité.* »[8] La question n'est plus de remettre en cause la validité de nos sens comme médium fiable d'une extériorité, mais de *ne pas pouvoir se passer* d'eux pour constituer un savoir quel qu'il soit, car « le monde phénoménologique n'est pas l'explication d'un être préalable, mais la *fondation de l'être*, la philosophie n'est pas le reflet d'une vérité préalable, mais *comme l'art* la réalisation d'une vérité. »[9]

---

6   Maurice MERLEAU-PONTY, *Phénoménologie de la perception, op. cit.*, p. 69.
7   Le compositeur y fait ainsi observer que, « comme Merleau-Ponty l'a prouvé dans sa *Phénoménologie de la perception*, aucune propriété ou sensation n'est dénudée au point qu'elle ne renferme aucune signification, d'aucune sorte. » Luigi NONO, *Ecrits*, Paris, C. Bourgois, coll. « Musique/passé/présent », 1993, p. 171.
8   Maurice MERLEAU-PONTY, *Phénoménologie de la perception, op. cit.*, p. XI (Avant- propos). Je souligne.
9   *Ibid.*, p. XV. Je souligne.

2. Intentionnalité

Dès lors que la perception devient un « accès à la vérité », il ne s'agit plus de *retrouver* l'essence ou l'Idée qu'un objet sensible contiendrait tout en la masquant, mais de « réaliser » une vérité *à partir* de cet objet et de la perception que je m'en fais. Ce qui implique, à la fois, qu'il n'y ait pas *une* « vérité préalable », mais une vérité à reconstruire, à refonder, et que cette reconstruction passe à chaque fois par un objet nouveau qui s'offre à mon « sentir ». Conscience véritable et objet perceptible ne sont donc pas séparables. C'est d'ailleurs l'un des enseignements que la phénoménologie française tirera de Husserl, à propos notamment d'un concept que lui-même doit à son maître Franz Brentano, à savoir l'« intentionnalité ». Dans un livre que Nono annota abondamment, Enzo Paci explique que, pour Brentano, « la conscience est intentionnelle dans la mesure où elle est "conscience de quelque chose", ou plus simplement dans la mesure où elle est "conscience de" »[10]. Ce rapport de la conscience à l'objet perçu sera précisé par Sartre qui, pour sa part, lira le concept d'intentionnalité chez Husserl comme « la nécessité qu'a la conscience d'exister comme conscience de quelque chose qui est *autre que l'être même.* »[11] En effet, si « la conscience est conscience de quelque

---

10 « *La coscienza è intenzionale in quanto è "coscienza di qualche cosa", o più semplicemente, in quanto è "coscienza di".* » Cf. Enzo PACI, « La fenomenologia nella cultura contemporanea », *in Terzo programma*, 1, quaderni trimestriali, Eri edizioni della RAI, Gennaio-Marzo 1961, p. 71.
Cet ouvrage de Paci, figurant parmi les 13000 titres de la bibliothèque du compositeur dont l'accès m'a été facilité par Nuria Schoenberg ainsi que par Claudia Vincis à l'Archivio Nono de Venise, fut abondamment annoté et souligné par Nono qui a probablement pris contact avec la philosophie merleau-pontienne via la présentation italienne d'Enzo Paci, du moins en ce qui concerne *La phénoménologie de la perception*, dont sa bibliothèque ne contenait aucun exemplaire. Du philosophe français le compositeur possédait néanmoins trois ouvrages dans des éditions italiennes : *Sens et non-sens* ; *Humanisme et terreur* et *Les aventures de la dialectique.*
11 « *Husserl chiama intenzionalità – suive Sartre – la necessità che ha la coscienza di esistere come coscienza di qualcosa che è altro da se stesso.* » *Ibid.* p. 95.
La dernière partie de la phrase fut soulignée par Nono.

chose »[12], c'est qu'elle est le fruit d'une perception qui, à son tour, est toujours perception de quelque chose, c'est-à-dire perception d'une chose concrète, phénoménale, qu'Husserl oppose ici, selon Sartre, à l'« être-même » de cette chose, c'est-à-dire à la chose dans son essence et non pas en tant qu'elle existe ou qu'elle « est-au-monde ».

Or la question de l'intentionnalité peut trouver un champ d'expérience et d'application ailleurs que depuis le domaine théorique dont elle provient, puisqu'en effet « ce que Husserl dit de la phénoménologie pourrait aussi bien se dire de nombreux aspects de la culture, de l'art et de la littérature. »[13]

> « Le chemin de la phénoménologie, explique encore Paci, est lent et laborieux. Il peut être comparé, [comme l'écrit] Merleau-Ponty, à l'œuvre de Balzac et à celle de Proust, à l'œuvre de Valéry et à celle de Cézanne. De ces œuvres la phénoménologie a le même type de stupeur face à la vie, "la même exigence d'une prise de conscience, la même volonté de cueillir à l'état naissant le sens du monde et de l'histoire". *Elle se confond, sous cet aspect, avec l'effort même de la culture moderne.* »[14]

---

12 Cf. Enzo PACI, *op. cit.* : « *Sartre capi subito che il concetto fondamentale della fenomenologia era l'intenzionalità. La coscienza è coscienza di qualcosa.* » [« Sartre comprit vite que le concept fondamental de la phénoménologie était l'intentionnalité. La conscience est conscience de quelque chose ».]
Cette dernière phrase, soulignée deux fois par Nono, est aussi une phrase qu'il cite à plusieurs reprises dans ses *Ecrits* et dans ses interviews, en l'attribuant à Merleau-Ponty (voir plus haut).

13 *Ibid.* p. 97 : « *Ora, ciò che Husserl dice della fenomenologia si potrebbe dire altrettanto bene di molti aspetti della cultura, dell'arte e della letteratura.* »

14 *Ibid.* : « *Il cammino della fenomenologia è lento e laborioso. Può essere paragonato, continua Merleau-Ponty, all'opera di Balzac e a quella di Proust, all'opera di Valery ed a quella di Cézanne. Di queste opere – scrive sempre Merleau-Ponty – la fenomenologia ha il medesimo tipo di stupore di fronte alla vita, "la stessa esigenza di una presa di coscienza, la stessa volontà di cogliere allo stato nascente il senso del mondo e della storia. Essa si confonde, sotto questo aspetto, con lo sforzo stesso della cultura moderna.* » Je souligne.

3. « L'attention même » portée au phénomène sonore

L'intérêt de Nono pour les questions relatives à la perception l'incitera progressivement à travailler la matière sonore dans son déploiement phénoménologique, hors de tout plan *intégral*.

> « Je crois, précisera-t-il en 1987, que l'idée vient avec le processus. Par exemple, dans le studio de Freiburg, je procède à de nombreux essais que j'écoute ensuite plusieurs fois chez moi et qui suscitent un certain nombre d'idées, puis je retourne dans le studio pour essayer d'autres choses… »[15]

Il s'agira donc, pour le compositeur, de partir d'un phénomène sonore et de la perception concrète de celui-ci, plutôt que d'un concept *a priori* et trop abstrait, comme ce serait le cas s'il composait exclusivement « à la table ». A la question qu'au cours d'un entretien Philippe Albèra lui posa sur « l'articulation entre l'écriture et le sonore, entre l'organisation du langage et le problème de la perception », Nono répondit ainsi :

> « Une chose était de penser le son, une autre de l'organiser, une autre encore de composer, et une autre encore de résoudre le problème de l'écoute.[…] Ce qui a été important pour moi , c'est de pouvoir écouter en temps réel. Les choix pouvaient être faits *en écoutant*, et ce fut un bouleversement radical. »[16]

Cette « écoute en temps réel »[17], sur laquelle le compositeur *en train de composer* s'appuie, nous semble être l'équivalent de ce que Merleau-Ponty nomme « la conscience *en train d'apprendre* », « cette ignorance circonscrite », « cette intention vide encore, mais déjà indéterminée, qui est l'attention même. »[18] Chez Nono, « l'attention même » est confondue avec l'effort d'une « nouvelle écoute » coïncidant avec la considération du phénomène sonore

---

15 Luigi NONO, *in* Philippe ALBÈRA, « Entretien avec Luigi Nono », *in Luigi Nono*, Festival d'automne à Paris 1987/Contrechamps, p. 21.
16 *Ibid.*
17 *Ibid.* p. 15.
18 Maurice MERLEAU-PONTY, *Phénoménologie de la perception, op. cit.*, p. 36.

en-soi, hors du filtre de toute conceptualisation issue de schémas préexistants. Il s'agit alors de composer « sans idée préconçue, sans programme défini à l'avance »[19] et selon un « long et infini travail sur la matière sonore guidée plus par l'instinct, la mémoire, que par des théories académiques »[20] ; c'est-à-dire selon une écoute véritablement phénoménologique de chaque événement sonore de la part du compositeur qui fait des choix à partir de ce qu'il entend.

Dès que la technique le lui permettrait, Nono allait ainsi progressivement cheminer vers une composition en temps réel qui puisse « cueillir » le phénomène sonore mouvant sans que l'écriture ne le fige et ne le fasse disparaître. Sans jamais, pour autant, laisser aller sa musique au chaos d'une matière sonore qui se déploierait d'une façon absolument autonome, Luigi Nono ne se défia pas moins de l'idée d'un contrôle total de ses compositions. Comme l'écrit Laurent Feneyrou, Nono s'opposait « éthiquement, au primat de la théorie, à la destitution structuraliste du sujet et au sérialisme comme système issu du positivisme, affirmant au contraire l'hégémonie de la praxis. »[21] Dès lors, il a toujours voulu tenir compte, dans l'approche de sa propre musique comme de celle des autres, de la dialectique entre l'architecture formelle de l'œuvre et son surgissement physique. C'est en ce sens qu'il écrira à propos du *Concerto* de Webern que « malgré toutes les spéculations et tous les éléments constructifs, l'important réside dans le

---

19   Cf. Olivier MILLE (dir.), *Archipel Luigi Nono*, Artline films/La Sept, 1988, vers 0h05'50.
Voir aussi le texte de Nono intitulé « D'autres possibilités d'écoute », *in Ecrits*, Contrechamps, Genève, 2007, p. 545 : « J'entre toujours dans le studio de Freiburg "sans idées". Sans programme. C'est fondamental parce que cela signifie l'abandon total du logocentre, la perte de ce principe selon lequel une idée devrait toujours être l'antécédent de la musique. L'idée comme ce qui doit être réalisé ou exprimé dans la musique. Ou l'histoire qui doit être racontée "en musique". »
20   Olivier MILLE, *op. cit.*, vers 0h06'13.
21   Laurent FENEYROU, « *... La révolution ne renie pas la beauté...*, Musique et marxisme dans l'Italie d'après 1945 », *in Résistance et utopies sonores*, sous la direction de Laurent FENEYROU, CDMC, Paris, Octobre 2005, p. 148.

son, *dans le phénomène purement acoustique,* et dans l'expérience sonore de la musique. »[22]

4. Comment ?

A sa manière, lorsqu'il s'attaque à toute mécanicité du processus compositionnel, Nono prolonge et met en application la critique husserlienne du positivisme qui mine non seulement une psychologie mécaniste (la psychologie positiviste, et en particulier la psychologie expérimentale qui, comme le résume Enzo Paci, « réduit ce qui est vivant à ce qui est inerte »[23]), mais encore la science et la technique en ce qu'elles ont évacué de leur recherche la question de l'être et de la vérité.[24]

---

22 Luigi NONO, « Conférence lors des *ferienkurse* » (1953), *in Ecrits,* Bourgois, 1993, p. 352. Je souligne.

23 Enzo PACI, *op.cit.*, p. 70 : « *La psicologia che Husserl combatte nelle Ricerche logiche è la psicologia del positivismo e in modo particolare la psicologia sperimentale.* [...] *Tutto ciò che è vivente veniva così ricondotto ad una cosa inerte e ad una connessione meccanica tra cose inerti.* » On peut signaler, afin de justifier ce détour par Husserl, que cette dernière phrase fut soulignée en rouge par Nono et qu'elle résume assez sa propre vision des choses.

24 Pour le phénoménologue en effet, « la vérité ne peut jamais être obtenue à travers une opération scientifique puisque la vérité est infinie et que le chemin vers la vérité est le chemin de l'humanité qui cherche à devenir plus rationnelle, plus normale, plus libre, plus harmonique. » Cf. Enzo PACI, *op. cit.*, p. 70 : « *Ora Husserl è stato un grande ammiratore di tutte le scienze ed egli è ben lontano dal criticare il valore della scienza e della tecnica. Egli critica però la scienza e la tecnica che pretendono di esausire nel loro cerchio ogni verità e che credono quindi di essersi impossessate una volta per sempre della verità. La scienza entra in crisi quando perde il senso dell'essere che, come si è detto, è il tema fondamentale della fenomenologia.* **Per Husserl la verità non può essere mai ottenuta attraverso un' operazione scientifica poiché la verità è infinita e il cammino verso la verità è il cammino dell'umanità che cerca di diventare sempre più razionale, più normale, più libera, più armonica.** » (« Husserl a été un grand admirateur de toutes les sciences et il est bien loin de critiquer la valeur de la science et de la technique. Il critique cependant la science et la technique qui prétendent épuiser dans leur cercle chaque vérité et qui croient par conséquent s'être emparées une fois pour toutes de la vérité. La science entre en crise quand elle perd le sens de l'être qui, comme il a été dit, est le thème fondamental de la phénoménologie. Etc.)

Mais le parallèle entre la phénoménologie husserlienne et la démarche artistique de Nono s'arrête sur la méthode employée pour « reconstituer le monde » après ce fameux retour sur soi en quoi consiste l'*épochè*. Sur ce point précis, le compositeur posera d'ailleurs directement la question en marge du texte de Paci : « *come* ? » (voir l'exemple 1, ci-après). Il semble évident que les questions posées par la phénoménologie appellent une réponse proprement musicale chez Nono qui calque en quelque sorte sa démarche compositionnelle sur les critiques husserlienne et merleau-pontienne du positivisme, mais en leur adjoignant une méthode concrète, *in actu* et *in situ*, qui, tout autant qu'une phénoménologie théorique, concourt à une mise à distance d'une conception figée et idéelle du monde, afin de tenter d'en capter la vie.

Son antipositivisme explique pourquoi, sans abandonner l'idée même d'une forme et d'une organisation élaborée de ses œuvres, Nono n'a jamais nourri la moindre illusion vis-à-vis de l'heuristique supposée des jeux de calcul combinatoire pour construire une œuvre. Elle est en outre la raison probable d'une prise de distance plus radicale, à partir des années soixante-dix, vis-à-vis des modèles abstraits qui avaient pu structurer ses premières compositions. Dès lors, pas plus qu'aux idéogrammes qui faisaient la grammaire musicale des siècles passés, le compositeur n'aura désormais recours à aucune rhétorique systématique, choisissant à présent de travailler à partir de la matière sonore considérée pour elle et appartenant davantage à un monde purement phénoménal.

C'est Nono qui souligne le passage au côté duquel il griffonne un signe d'attention.

> l'epoché per poi ritrovare
> Noli foras ire — dice Sa[nt']
> veritas ».
>
> In questa citazione h[...]
> quella verità originaria ch[e...]
> la quale deve essere ricost[...]
>
> La critica che Husser[l...]
> dono di esaurire nel prop[...]
> si è iniziata fin dall'inizio [...]
> La psicologia che Husserl

come ?

Exemple 1 : le passage du texte de Paci, directement
« questionné » par Nono

II. ...sofferte onde serene... : une expérience phénoménologique

1. Un matériau phénoménologique

Dans le cas de *...sofferte onde serene...*, le matériau grammatical traditionnel (motif, thème, série) s'éclipse le plus souvent devant les clusters, le travail sur les dynamiques[25] et sur le timbre qui en découle, ainsi que sur les résonances. Surtout, c'est à présent le geste même de l'interprète, dans ses moindres détails, et sa matérialisation sonore qui deviennent véritablement un matériau en soi de la composition à partir duquel celle-ci s'élabore.

> « Je me sentais très attiré, explique Nono, par la technique de Maurizio Pollini, non seulement par son jeu extraordinaire, mais par certaines nuances de son toucher, qu'on ne réussit pas à percevoir dans les salles de concert. Par le biais des microphones, ces détails imperceptibles et extraordinaires auraient pu être amplifiés et diffusés dans une dimension absolument nouvelle. »[26]

---

[25] Un travail qui s'effectue notamment à partir des attaques du pianiste, des modulations de son jeu selon des variations très fréquentes de nuances et de l'emploi de la pédale forte et de la sourdine.
[26] Luigi NONO, *Ecrits, op. cit.*, p. 104.

Le compositeur s'inscrit dès lors dans une perspective presque purement acoustique dans laquelle l'événement sonore est appréhendé depuis sa réduction phénoménologique : le toucher du pianiste n'est plus exclusivement au service d'une rhétorique mais vaut maintenant pour lui-même. Le concept le cède donc au percept, d'autant mieux que les hauteurs semblent échapper à toute logique scalaire et que les durées sont souvent diluées par des changements fréquents de mesure et de tempo[27].

Certes, on perçoit de temps en temps les bribes d'une figure mélodico-rythmique. Mais ces brefs motifs ne sont le plus souvent que des figures plus ou moins fortuites du contrepoint entre le piano *live* et le piano enregistré sur la bande, ou encore du contrepoint entre les différentes voix du piano « naturel » lui-même. Il en est ainsi à la mesure 8 de la page 9, où la ligne « *La* b (basse) *Si* b (voix supérieure) et *La* (voix intermédiaire) » que l'on croit entendre lors de son actualisation sonore n'est, en fait, pas écrite en tant que telle (voir l'exemple 2[28]). De même, aux mesures 1-2 de la page 8, si une mélodie[29] parvient à ressortir du contrepoint rythmique des différentes voix, c'est aussi grâce au rôle joué par les appogiatures, c'est-à-dire par un élément *apparemment* secondaire dans l'écriture du passage (voir l'exemple 3[30]).

---

27   L'exemple le plus flagrant se trouve à la page 9 de la partition, où les changements de tempo surviennent à chaque mesure, voire au sein d'une même mesure, ce qui désactive toute pulsation régulière. Cf. Luigi NONO, *...sofferte onde serene...* per pianoforte e nastro magnetico, Ricordi, 1977.

28   Entre 3'30 et 3'37 de la plage 8 du disque enregistré par Pollini. Cf. Luigi NONO, *...sofferte onde serene...*(13'58), Album : Como una ola de fuerza y luz, Deutsche Grammophon, 423 248-2, 1979. La mélodie « *La b* (basse) *Si b* (voix supérieure) et *La* (voix intermédiaire) » se détache à l'audition des deux accords de la mesure.

29   En l'occurrence, *Do*# (aigu)↘ *Mi*b↗ *Do*#↘*Ré Mi*b ↗*Do*#↘ *Mi*b ↗*Do*#↘ *Ré*↗ *La*b↗ *La La*↘ *La*b *La*b ↗*Do*# ↘*Mi*b ↗*Do*# ↘*La*b ↗*Do*#. Les flèches indiquent la direction du mouvement mélodique.

30   *Ibid.* entre 2'02 et 2'25. Chaque note tenue ou répétée correspond à l'une des lignes de cette polyphonie sommaire dont les décalages rythmiques et l'enchevêtrement des notes normales et des appoggiatures créent cependant, à l'écoute, une mélodie.

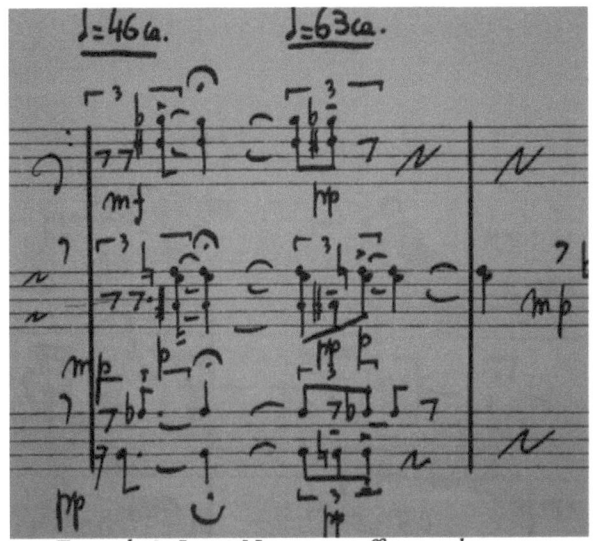

Exemple 3: Luigi Nono, ... *sofferte onde serene ...*, mesure 8, page 9

Exemple 4: Luigi Nono, ... *sofferte onde serene ...*, p. 8, mes. 1-2

Par suite, lorsqu'une sorte de motif récurrent parvient à s'extraire de cette trame acoustique sans repère évident, c'est dans le cadre de séquences très brèves ; et ses réapparitions (qui n'en constituent en rien le « développement ») ne se font qu'au prix de sérieuses modifications. Il en est ainsi, par exemple, page 13 où le motif le plus aigu qui ressort des voix à la mesure 5 (« *La, Si, La/Sol... Mi, Mi*b »[31]) *rappelle plus qu'il ne reprend* les motifs des mesures 2 (« *La Mib La... Do# Mib* », ligne supérieure[32]) et 3 (« *Lab, La, Sol... La, Sol* »[33]). Cette ressemblance est due, notamment, au fait d'une carrure rythmique semblable dans les trois cas, ainsi qu'à un geste mélodique commun qui allie trois notes (formant une courbe ascendante puis descendante) à deux autres (formant une seconde, descendante ou ascendante, rapide).

D'une façon plus radicale encore, si la cellule au rythme très nerveux de triolets de croches et de doubles que l'on peut lire page 15, mesure 10[34] (exemple 4), évoque le micro-motif qui ouvre la pièce[35] (exemple 5), leurs carrures mélodiques sont tellement légères qu'elles en deviennent, à proprement parler, a-thématiques.

---

31   *Ibid.* vers 6'03.
32   *Ibid.* entre 5'48 à 5'50.
33   *Ibid.* entre 5'53 et 5'56.
34   *Ibid.* entre 9'17'' et 9'23''.
35   Cf. Luigi NONO, ...*sofferte onde serene...* per pianoforte e nastro magnetico, *op. cit.*, mesures 1 et 2, page 6 ; de 0' à 0'08'' de l'enregistrement avec Pollini.

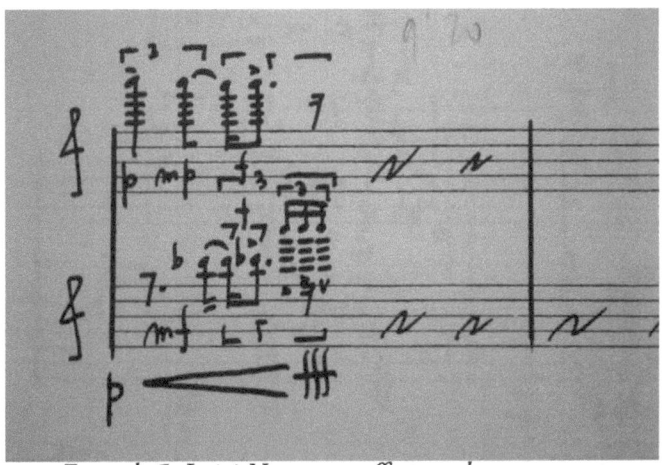

Exemple 5: Luigi Nono, ... sofferte onde serene..., page 15, mesure 10

La répétition du *contre-La*, repris ensuite *fff* en un triolet rapide, et son alternance avec le *Si b* une septième plus bas rappellent le premier micro-motif de l'œuvre (voir l'exemple suivant). Ici, le *Sol #* de ce premier motif est remplacé par le *Sib*.

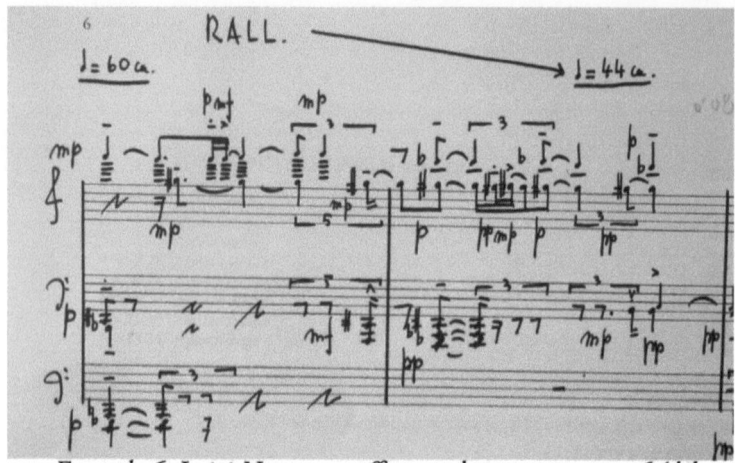

Exemple 6: Luigi Nono, ... *sofferte onde serene...*, page 6 (début de l'œuvre), mesures 1-2

Si l'on suit la ligne mélodique la plus aiguë (où le *contre-La* alterne avec le *Sol #*), on peut entendre le premier avatar d'un micro-motif qui reviendra à plusieurs reprises au cours de l'œuvre[36].

2. Une « expérience sonore » : la perception auditive à l'épreuve

L'intérêt que l'on portera à une œuvre telle que ...*sofferte onde serene...* ne pourra donc pas relever exclusivement de ce qu'une analyse thématique pourrait révéler. Ici, c'est le phénomène sonore envisagé sous une infinité d'angles qui doit devenir, en tant que tel, l'objet central de ce projet musical. Ceci implique une attention et une acuité perceptives particulières, dégagées de toute référence théorique qui rabattrait le phénomène perçu sur son concept. Ce que Merleau-Ponty appelait tout à l'heure « l'attention même », ce regard neuf que la phénoménologie permet de porter sur le monde sensible, correspond de nouveau ici à l'effort que la musique de Nono demande tant à son auditeur qu'à son in-

---

[36] Notamment page 7, mesures 1 et 2 (de 1'08" à 1'12" de l'enregistrement avec Pollini).

terprète qu'il pousse à reconsidérer les éléments mêmes du langage musical. Il ne s'agit donc pas tant pour le pianiste de réaliser les signes abstraits que la partition contient, que de faire surgir le phénomène physique dont ils ne sont qu'une indication et dont ils proviennent eux-mêmes puisque le compositeur les a élaborés avec lui[37]. Au cours des expérimentations qui ont précédé la composition, la technique, les gestes du pianiste ont ainsi été détachés de l'application musicale à laquelle ils avaient d'abord été liés, pour n'être considérés que pour eux-mêmes, ou plutôt pour l'évènement sonore personnel, unique et purement phénoménal qu'ils ont produit. Par suite, l'enregistrement et le traitement électronique de ses gestes ont contribué à faire éclore chez l'interprète une nouvelle conscience perceptive de son propre jeu.

En outre, au moment de la réalisation effective de l'œuvre, dans la mesure où le pianiste est confronté en temps réel par la bande magnétique à sa propre image sonore, la perception qu'il développe à son contact doit opérer un retour permanent sur elle-même, afin qu'il adapte son jeu aux diffusions constantes de cette source sonore parallèle, tout comme l'auditeur, lorsqu'il prendra connaissance de l'œuvre, n'aura de cesse de sonder sa propre écoute pour savoir qui de la bande ou du piano *live* est en train de jouer. Il s'agit alors pour l'un et pour l'autre d'atteindre cet état de pure conscience esthétique tendue vers un phénomène unique, afin que l'attention qu'on lui porte devienne justement phénomé-

---

[37] Cette méthode compositionnelle sera de plus en plus employée par Nono au fil de ses œuvres tardives. Ainsi pourra-t-on voir, dans le film qu'Olivier Mille lui a consacré en 1988 (voir la référence plus haut), le compositeur et son interprète plongés dans un effort commun d'une recherche purement acoustique de ce qui constituera une banque de matériaux intégrables à la future composition. Au studio expérimental de la fondation Heinrich Strobel à Freiburg (Allemagne), les sons produits par l'interprète sont déclinés selon des possibilités multiples de l'émission, enregistrés, écoutés, ré-écoutés, modifiés, sélectionnés, etc.

nologique et revienne à « l'attention même », tout comme, lors de l'élaboration même de l'œuvre, le travail fourni par Pollini se devait d'être d'une nature purement perceptive et physique, l'amenant à développer une mémoire elle aussi purement gestuelle et auditive. Interrogée d'une façon *inhabituelle*, la perception et tous les sens du pianiste étaient alors mis en alerte afin de lui permettre de s'ajuster aux demandes du compositeur, comme à la *surprise* d'un son émis/perçu qui, s'il s'échappe parfois d'une façon presque autonome dans le feu de la recherche expérimentale, doit nonobstant pouvoir être reproduit en tant que tel afin d'être réutilisé comme matériau. Ce que Nono explique ainsi :

> « Avec Maurizio Pollini, nous avons travaillé trois jours dans le studio. Maurizio a été le premier à être *surpris* des résultats obtenus avec les prises effectuées par ce grand maître qu'est Marino Zuccheri. »[38]

III. Par-delà le phénomène immédiatement perceptible : une transfiguration musicale du réel

1. Résurgence souterraine d'un « monde poétique ambigu »

Autre ingénieur du son à avoir longtemps travaillé avec Nono, André Richard rappelle à propos des légères transformations électroniques que l'on peut entendre sur la bande magnétique qui accompagne le jeu *live* du pianiste dans *...sofferte onde serene...*, qu'elles ont été apportées « avec, présents à l'esprit, des souvenirs persistants de la Venise d'antan »[39]. Plus précisément, ces souvenirs sont rattachés à l'île de la Giudecca où, écrit Nono,

---

38 Luigi NONO, *Ecrits, op. cit.*, p. 104. Je souligne. Marino Zuccheri fut longtemps l'ingénieur du son du célèbre Studio di fonologia de Milan, avec lequel Nono travailla pour sa pièce.
39 André RICHARD, notice du disque de Sven Thomas Kiebler, *Récital* – Album CD - 2e2m1014, 1997.

> « la rumeur des diverses cloches, sonnant de différentes manières, ayant des significations variées, nous parvient jour et nuit, continuellement, à travers la brume ou par beau temps. Ce sont des signes de la vie sur la lagune, sur la mer ; des appels au travail et à la méditation, des avertissements. »[40]

Il existe donc, dans cette œuvre, une sémantique sous-jacente, véhiculée autant par la bande magnétique que par ce qui est joué en direct : de ces deux plans sonores résultent des ondes dont la fusion créerait, selon Richard, « un monde poétique ambigu »[41]. Ainsi, sans procéder à la moindre imitation, sans qu'il n'y ait trace de la moindre duplication sonore, l'œuvre de Nono semble pourtant pouvoir faire sourdre un monde par sa pure médiation musicale. C'est ce que le compositeur décrit lui-même lorsqu'il évoque les trois jours passés avec Maurizio Pollini dans le *Studio di Fonologia* de Milan :

> « Il est curieux que, dans la réalisation d'opérations de ce genre sur le jeu de Pollini, me soient apparus certains souvenirs lointains de Venise : les classiques résonances de l'école de San Marco et de la lagune idéalement réverbérées dans les lumières et les couleurs de la ville. Pour obtenir ces effets magiques, j'utilisais parfois la coupure de l'attaque, le son se manifestait ainsi avec une espèce de résonance sans temps. »[42]

---

40 Luigi NONO, cité et traduit par André RICHARD, *op. cit.* La citation est tirée du texte de Nono sur *...sofferte onde serene...*, que l'on peut lire (dans la traduction de Laurent Feneyrou, cette fois) *in* Luigi NONO, *Écrits*, *op. cit.*, p. 320.
41 André RICHARD, *op. cit.*
42 Luigi NONO, *op. cit.*, p. 104.

2. Métaphores musicales du réel

A propos d'une œuvre qui l'avait précédemment déjà lié à Pollini, et qui s'intitulait *Como una ola de fuerza y luz*[43], Nono expliquait avoir voulu rendre hommage à son ami Luciano Cruz[44] en faisant de sa musique « un espace qui s'ouvre et qui se ferme, quelque chose comme une vie qui s'étend et qui se referme, quelque chose comme *une métaphore programmatique mais libre.* »[45] Or, outre ce qui relève de phénomènes étranges d'associations d'images et de souvenirs tel que l'a relaté Nono un peu avant, il y a, dans la manière de traiter le piano au sein de *...sofferte onde serene...*, des éléments qui font référence à l'univers sonore concret de Venise, et ce, également sur un mode métaphorique. Ainsi les rythmes saccadés et percussifs des marteaux, et leurs échos sur la bande, nous donnent-ils régulièrement l'impression de cloches qui retentissent au loin et de leurs décalages rythmiques si particuliers[46]. De même, les nombreuses vaguelettes qui sont transfigurées çà et là dans la première partie de l'œuvre[47] créent une sensation de tangage, « comme un balancement maudit » aurait dit Léo Ferré. A travers les ondes, on se croit ainsi *sur* l'onde et l'on sent comme des vagues qui viendraient cogner contre un quai de la cité lacustre[48].

L'expérience perceptive à laquelle Nono soumet son auditeur est, par conséquent, de plusieurs natures : il y a à la fois, comme on l'a vu tout à l'heure, ce qui relève de l'audition pure d'un phénomène acoustique en soi et, comme on le voit maintenant, ce qui relève de la perception suprasensible de l'ambiance propre à un lieu et de la reconnaissance des éléments sonores caractéristiques

---

43 Cf. Luigi NONO, *Como una ola de fuerza y luz* (1971-1972), pour soprano, piano, orchestre et bande magnétique, Ricordi, Milan.
44 Fondateur du MIR chilien disparu prématurément en 1971.
45 Luigi NONO, *Ecrits*, *op. cit.*, p. 97.
46 Cf. Luigi NONO, *...sofferte onde serene...*, *op. cit.*, p. 9 et 10 (entre autres) ; vers 4'40" de l'enregistrement avec Pollini.
47 Mesures 1 à 5 [0'55" à 1'24"] ; mesures 6 à 9 [1'25" à 1'41"] (en particulier à 1'35")]. Cf. *ibid.* p. 6.
48 Notamment entre 1'55 et 2'02" de l'enregistrement avec Pollini.

de ce lieu. Dans le son tel qu'il a été travaillé en studio, ce son que Nono disait « sans attaque » et qui se manifestait « avec une espèce de résonance sans temps », un son qui n'a, comme le traduit Enzo Restagno, « ni avant ni après, *un son dans lequel passé et présent confluent dans une dimension unique* »[49], il s'agit de ressentir « une continuité de lointains, de présences, d'essences indéfinissables »[50].

On peut ainsi percevoir dans les différents sons de cette musique non seulement Venise, à travers « la rumeur, entre autres, des diverses cloches » de l'île de la Giudecca, mais encore un peu de la vie de ceux qui y habitent, ou qui l'ont habitée, ceux dont l'âme flotte peut-être sur ces ondes que Nono tente de ressaisir et de diffuser à travers sa musique qui possède le caractère tendu du mystère et d'une certaine mélancolie.

3. Un monde inouï à faire passer

En tant qu'auditeurs, nous devrions alors être capables de sentir ce « quelque chose qui passe »[51] dans la musique du Vénitien : tout un fonds véhiculé par des sons qui parviendraient à se charger de l'univers dans lequel le compositeur les a conçus. Ce faisant, nous pourrions nous saisir de ce que le musicien a tenté de faire passer *par la bande* : sa ville qu'il dématérialise, pour la re-matérialiser à travers sa transfiguration sonore ; et participer ainsi à sa re-création.

Nous l'avons vu plus haut, Merleau-Ponty assimilait le premier acte philosophique au retour à un « monde vécu en-deçà du monde objectif » et au fait « de retrouver les phénomènes […] à l'état naissant »[52]. Ce que fait Nono semble s'inscrire à nouveau dans cette perspective lorsque lui aussi « cueille à l'état naissant », non pas le sens, mais le son du monde qu'il tente de re-créer. Ainsi, pour réussir la gageure de faire passer toute une ville dans sa

---

49 Cf. Luigi NONO, « Une autobiographie de l'auteur racontée par Enzo Restagno », *in Ecrits, op. cit.*, p. 104. Je souligne.
50 *Ibid.*
51 *Ibid.*
52 Maurice MERLEAU-PONTY, *Phénoménologie de la perception, op. cit.*, p. 69. Je souligne.

musique, comme on le disait en introduction, Nono s'attache-t-il à la faire *renaître* en nous en donnant une *connaissance* inédite, une nouvelle conscience perceptive à travers sa transcription purement acoustique.

Mais comment être sûr que quelque chose puisse effectivement *passer* de ce monde ainsi transformé, comment faire pour que cette co-naissance advienne bien ? A nouveau, c'est de la perception et non de la conception de l'auditeur que dépendra la réussite de l'opération. Et, pour paradoxal que cela puisse paraître, c'est le caractère inouï et *a priori* incompréhensible de l'œuvre qui permettra la re-création de ce monde.

> « Une musique ou une peinture qui n'est d'abord pas comprise finit par se créer elle-même son public, si vraiment elle *dit* quelque chose, c'est-à-dire par secréter elle-même sa signification. Même dans le cas de la prose ou de la poésie faites pourtant de mots communs, le sens d'un ouvrage littéraire est moins fait par le sens commun des mots qu'il ne contribue à le modifier. »[53]

Dès lors, une œuvre d'art ne saura re-créer un monde qu'en réformant son propre idiome et en modifiant ce qui du monde est déjà connu. Se devant d'être ouvert au geste de l'artiste à travers son œuvre, le public de son côté percevra ce que celle-ci « dit », en se risquant vers l'inconnu, l'*inconcevable* et l'inouï. Inaccessible ainsi à la seule rationalité de l'esprit, le monde que l'œuvre musicale tente de faire passer est en revanche accessible au *sentir* ; et sa capacité à créer ou à recréer ce monde se jauge à l'aune de cette accessibilité paradoxale qui modifiera jusqu'à la capacité de perception même de son auditeur.

> « L'opération d'expression, quand elle est réussie, écrit Merleau-Ponty, [...] fait exister la signification comme une chose au cœur même du texte, elle la fait vivre dans un organisme de mots, elle l'installe dans l'écrivain ou dans le lecteur comme un *nouvel organe des sens*, elle ouvre un nouveau champ ou une nouvelle dimen-

---

53 *Ibid.* p. 209.

sion à notre expérience. Cette puissance de l'expression est bien connue dans l'art et par exemple dans la musique. »[54]

Conclusion

> « En écoutant cette musique […] qui prend ses distances par rapport aux critères de composition habituels, en se confiant, comme l'écrit Luigi Pestalozza, au seul mouvement des sons qui dérive de ce nouveau concept d'espace et de temps, […] nous pourrions […] dire que, dans cette musique merveilleuse, les sons sont en relation entre eux *comme le sont les étoiles pour conférer une forme à cet univers, pour le créer.* »[55]

Avec *…sofferte onde serene…*, comme avec d'autres œuvres plus tardives de Nono, on est dans la dynamique d'une *reconstruction* musicale d'un monde. Comme le signale Merleau-Ponty : « Chaque artiste reprend la tâche à son début, il a un *nouveau monde à délivrer* »[56]. Qu'une œuvre d'art soit en mesure de faire passer des mondes ou d'en créer de nouveaux n'a (en effet) rien d'inconcevable si, du moins, elle s'actualise pleinement dans le monde phénoménal puisque, pour citer une dernière fois Merleau-Ponty, « l'idée d'une musique sans sons est absurde. »[57] Ainsi, en se préoccupant d'abord des paramètres musicaux qui sont justement les plus matériels et les plus concrets, Nono donne-t-il à son œuvre une chance supérieure d'avoir prise sur le monde ; et c'est peut-être à ce titre que sa musique constitue, selon sa forme propre et sa modalité spécifique d'être, une phénoménologie.

---

54 *Ibid.* p. 212-213. Je souligne.
55 Luigi PESTALOZZA, *op. cit.*
56 Maurice MERLEAU-PONTY, *op. cit.*, p. 221. Je souligne.
57 *Ibid.*

Les Beaux Arts
aux éditions L'Harmattan

Dernières parutions

FRONTIÈRES & ARTS
De l'opacité à la fraternité
Le Corre Sandrine
Les arts donnent à penser les frontières. Sans doute, parce que les artistes sont des êtres de passages. Par leurs déplacements ils font bouger les frontières. Ce livre part des œuvres – six créations plastiques et deux littéraires. Leur analyse rend compte d'une approche artistique des frontières structurée en trois moments : matérialité des frontières, expérience de la traversée et mises à l'épreuve de l'humanité. Si l'approche est artistique, les enjeux sont esthétiques et politiques.
(Coll. Eidos série Retina, 17.50 euros, 162 p.)
ISBN : 978-2-343-07984-4, ISBN EBOOK : 978-2-336-39794-8

BANJO ATTITUDES
Le banjo à cinq cordes : son histoire générale, sa documentation
De Smaele Gérard - Préface d'Art Rosembaum et postface d'Etienne Bours
Ce prototype africain, dont le banjo à cinq cordes dérive, nous ramène aux origines, aux musiciens d'Afrique de l'Ouest, aux plantations des Amériques où il était l'instrument de prédilection des esclaves. Populaire au XIXe siècle par les *minstrel-shows*, il fut après la guerre de Sécession, élevé au rang d'instrument de salon et conquit l'audience des salles de concerts classiques. Il retrouvera un solide élan de popularité dans la seconde partie du XXe siècle, au cœur du folk revival et de la musique old time, sans oublier le bluegrass banjo.
(25.50 euros, 238 p.)
ISBN : 978-2-343-07416-0, ISBN EBOOK : 978-2-336-39714-6

JEAN-NOËL DUPRÉ
C'est peut-être ça la vie !
Cara Fabienne, Bonnard Marc-Fabien
Depuis sa disparition, en mars 2008, il nous appartenait, amis proches, confrères paroliers, compositeurs, producteurs... de rendre hommage à l'auteur Jean-Noël Dupré. Bien sûr, l'interprète nous a marqués à travers par exemple sa version personnelle de *Y'a d'la joie* de Charles Trenet. Tous les médias s'en étaient fait l'écho. Mais Jean-Noël était avant tout un auteur. Et si ce livre qui lui est consacré peut permettre d'apprécier ses textes, il aura atteint le but que nous nous sommes fixé.
(Coll. Cabaret, 16.50 euros, 152 p.)
ISBN : 978-2-343-06761-2, ISBN EBOOK : 978-2-336-39811-2

LE VISITEUR DU FUTUR
Les coulisses d'une web-série culte
El Shoura Olympe
Voici le récit de l'expérience de l'auteur au cœur d'une web-série qui aura marqué toute une génération connectée : *Le Visiteur du Futur*, écrite et réalisée par François Descraques. Lancée avec ses comparses sans moyens financiers mais avec une même passion, l'objectif était de partager avec le plus grand nombre une oeuvre originale et autoproduite. La web-série est devenue culte, observée de près par les professionnels de l'audiovisuel pour sa capacité à renouveler le potentiel créatif dans le domaine de la fiction française.
(Coll. De Visu, 12.50 euros, 104 p.)
ISBN : 978-2-343-07762-8, ISBN EBOOK : 978-2-336-39743-6

J'AURAIS TEMPS AIMÉ !
Aux frontières d'Argenton
Koest Bernard
Et si notre vie ne consistait à rien d'autre qu'à l'écrire ? Il suffirait de se retourner, de retourner dans son pays natal, où peut-être n'est-on même pas né, et voici alors que nous pourrions le choisir. La frontière entre temps et espace peut s'ouvrir pour peu que l'on y dérive, que l'on associe nos lieux avec nos images. Placez vos pas dans leurs empreintes et vous pourriez bien vous retrouver en même temps ici et là-bas, hier et aujourd'hui, dedans et dehors... La frontière n'existe que si on lui donne un sens. Celle d'Argenton, et les vôtres aussi.
(Coll. RETINA.CRÉATION, 15.00 euros, 92 p., Quadrichromie)
ISBN : 978-2-343-06988-3, ISBN EBOOK : 978-2-336-39748-1

ART ET ABANDON
Des artistes racontent
Lemare Pascale - Préface de Sandrine Dekens
Pascale Lemare a trouvé un chemin original pour nous faire partager l'expérience tragique de l'abandon, elle est allée à la rencontre d'une douzaine d'artistes et les a interviewés longuement. Dans une écoute attentive, dépouillée des constructions théoriques préexistantes, elle a recueilli les récits de ces femmes et ces hommes qui, alors qu'ils étaient nourrisson, enfant, voire adolescent, ont été adoptés. Chacun raconte avec sincérité un parcours qui s'est structuré par l'art.
(28.00 euros, 280 p.)
ISBN : 978-2-343-07582-2, ISBN EBOOK : 978-2-336-39580-7

POÏÉTIQUES DU DESIGN
Conception et politique
Sous la direction de Gwenaëlle Bertrand et Maxime Favard
Si l'on considère le vaste champ du design comme un lieu propice aux contestations et aux élaborations d'utopies contradictoires, on peut supposer que ce dernier participe à la définition politique du territoire. Ainsi fait de société, le design implique l'individu au cœur de la relation qu'il entretient avec la collectivité. Le citoyen pris à parti, encouragé à la participation, devient acteur de son environnement.
(Coll. Esthétique série Ars, 25.00 euros, 254 p.)
ISBN : 978-2-343-07730-7, ISBN EBOOK : 978-2-336-39487-9

PIERRE BAQUÉ, UN ART SINGULIER
Desiderio Mauro
4 films sur Pierre Baqué. *Moment de création, dans l'atelier de Pierre Baqué* (2015, 26 minutes). Pierre Baqué apporte les dernières retouches et évoque sa méthode, sa conception esthétique et technique de la création, en développant une réflexion de portée universelle. *Art commenté* (2015, 45 minutes). Dans son atelier, Pierre Baqué présente et commente un ensemble de ses œuvres. Un premier corpus est d'inspiration biblique et comprend une relecture de la «Cène» ainsi que des «Sept douleurs de la vierge». Un second interroge le «memento mori» et le «carpe diem». Un troisième est constitué de surprenantes vanités s'inscrivant dans une mouvance artistique très ancienne tout en renouvelant les formes. *L'Écume des jours, une exposition d'œuvres de Pierre Baqué* (2015, 45 minutes). À Paris, Pierre Baqué commente ses œuvres les plus récentes lors d'une exposition. *Penser l'Art* (2015, 12 minutes). Pierre aborde des éléments de méthode quant à sa technique et son esthétique.
(20.00 euros)
ISBN : 978-2-336-29746-0

L'UNIVERSALITÉ DES SIGNES GRAPHIQUES
Otte Marcel
Par la création de formes, l'humanité se dégage de l'emprise biologique, et chacune de ces images révèle une partie de l'inconscient enfin libéré. Mais, partis du naturel physiologique, les signes graphiques poursuivent ensuite leur propre trajectoire en total autonomie, ils attirent la destinée humaine dans leur aventure, jusqu'à l'écriture puis aux polices informatiques.
(16.50 euros, 152 p.)
ISBN : 978-2-343-07351-4, ISBN EBOOK : 978-2-336-39430-5

CRISE ET PATRIMOINE MONUMENTAL
Sous la direction de Mylène Le Roux
Voici évalués les effets de la crise économique sur le patrimoine monumental. *A priori* négatifs, ils peuvent aussi être envisagés sous un angle positif, en analysant les réactions - essentiellement des pouvoirs publics - visant à pallier les impacts de la crise (rationalisation, valorisation, intégration du développement durable), les réflexions menées face à des enjeux émergents, ainsi que la potentielle contribution du patrimoine monumental au redressement productif.
(Coll. Droit du Patrimoine culturel et naturel, 27.00 euros, 264 p.)
ISBN : 978-2-343-07016-2, ISBN EBOOK : 978-2-336-39540-1

CONCEPTION NON FORMELLE EN ARCHITECTURE
Expériences d'apprentissage et pratiques de conception
Estevez Daniel
Préface de Christophe Hutin
Les travaux présentés dans cet ouvrage concernent l'enseignement de la conception contemporaine en architecture. La conception non formelle est l'ensemble de procédures d'improvisation qui permettent aux concepteurs de s'écarter de la planification et de la modélisation, créant une architecture du moment. Cette conception est basée sur l'idée que savoir théorique et raison

pratique, conception et réalisation, ne sont pas opposés mais qu'au contraire ils se nourrissent mutuellement.
(Coll. Questions contemporaines, 22.50 euros, 222 p.)
ISBN : 978-2-343-07295-1, ISBN EBOOK : 978-2-336-39498-5

DEUX ROME
Paris-Mexico 1784-1910 (I. Architectures et transferts)
Dasques Françoise
Cet ouvrage en trois tomes analyse les transferts en architecture opérés entre la France et le Mexique, dans le monde global du XIXe siècle que stimulent et conditionnent les normes de la modernité franco-anglaise. La question du fer, structurelle et symbolique du nouvel état industriel, le livre, premier moteur de l'influence, et enfin les hommes (constructeurs mexicains formés en France ou professionnels français intervenant au Mexique) forcent l'entrée de modèles par des voies dont ce volume sonde la pertinence.
(Coll. Historiques, série Travaux, 29.50 euros, 286 p.)
ISBN : 978-2-343-07128-2, ISBN EBOOK : 978-2-336-39660-6

DU STYLE PARISIEN À L'ÉCLECTISME PORFIRIEN
Paris-Mexico 1784-1910 (II. Architectures et devenir des formes)
Dasques Françoise
Cet ouvrage en trois tomes analyse les transferts en architecture opérés entre la France et le Mexique, dans le monde global du XIXe siècle que stimulent et conditionnent les normes de la modernité franco-anglaise. L'analyse architecturale, objet de ce second tome, postule un devenir des formes, soit la singularité de bâtiments et monuments inspirés par les solutions françaises alors dominantes. L'architecture des Français du Mexique montre à l'examen que rien ne se transporte en l'état.
(Coll. Historiques, série Travaux, 25.50 euros, 244 p.)
ISBN : 978-2-336-30580-6, ISBN EBOOK : 978-2-336-39659-0

LA PENSÉE FRANÇAISE DE L'ARCHITECTURE MEXICAINE
Paris-Mexico 1784-1910 (III. Architectures et univers mental)
Dasques Françoise
Ce livre en trois tomes analyse les transferts en architecture opérés entre la France et le Mexique, dans le monde global du XIXe siècle que stimulent et conditionnent les normes de la modernité franco-anglaise. Lien choisi (ancrages) ou subi (dépendances), la pulsion française du Mexique indépendant, thème de ce troisième tome, fait l'objet de manifestations pendulaires, indices des relations à la fois fusionnelles et chaotiques qui conduisent l'histoire des deux pays et dont témoignent les faits d'architecture.
(Coll. Historiques, série Travaux, 24.50 euros, 228 p.)
ISBN : 978-2-336-30581-3, ISBN EBOOK : 978-2-336-39658-3

L'HARMATTAN ITALIA
Via Degli Artisti 15; 10124 Torino
harmattan.italia@gmail.com

L'HARMATTAN HONGRIE
Könyvesbolt ; Kossuth L. u. 14-16
1053 Budapest

L'HARMATTAN KINSHASA
185, avenue Nyangwe
Commune de Lingwala
Kinshasa, R.D. Congo
(00243) 998697603 ou (00243) 999229662

L'HARMATTAN CONGO
67, av. E. P. Lumumba
Bât. – Congo Pharmacie (Bib. Nat.)
BP2874 Brazzaville
harmattan.congo@yahoo.fr

L'HARMATTAN GUINÉE
Almamya Rue KA 028, en face
du restaurant Le Cèdre
OKB agency BP 3470 Conakry
(00224) 657 20 85 08 / 664 28 91 96
harmattanguinee@yahoo.fr

L'HARMATTAN MALI
Rue 73, Porte 536, Niamakoro,
Cité Unicef, Bamako
Tél. 00 (223) 20205724 / +(223) 76378082
poudiougopaul@yahoo.fr
pp.harmattan@gmail.com

L'HARMATTAN CAMEROUN
BP 11486
Face à la SNI, immeuble Don Bosco
Yaoundé
(00237) 99 76 61 66
harmattancam@yahoo.fr

L'HARMATTAN CÔTE D'IVOIRE
Résidence Karl / cité des arts
Abidjan-Cocody 03 BP 1588 Abidjan 03
(00225) 05 77 87 31
etien_nda@yahoo.fr

L'HARMATTAN BURKINA
Penou Achille Some
Ouagadougou
(+226) 70 26 88 27

L'HARMATTAN SÉNÉGAL
10 VDN en face Mermoz, après le pont de Fann
BP 45034 Dakar Fann
33 825 98 58 / 33 860 9858
senharmattan@gmail.com / senlibraire@gmail.com
www.harmattansenegal.com

L'HARMATTAN BÉNIN
ISOR-BENIN
01 BP 359 COTONOU-RP
Quartier Gbèdjromèdé,
Rue Agbélenco, Lot 1247 I
Tél : 00 229 21 32 53 79
christian_dablaka123@yahoo.fr

Achevé d'imprimer par Corlet Numérique - 14110 Condé-sur-Noireau
N° d'Imprimeur : 131899 - Dépôt légal : septembre 2016 - *Imprimé en France*